Rolf Steininger

Von KANZLERN und PRÄSIDENTEN

Rolf Steininger

Von KANZLERN und PRÄSIDENTEN

Deutsch-amerikanische Beziehungen von Adenauer und Eisenhower bis Merkel und Trump

lau verlag

Bibliografische Information
der Deutschen Nationalbibliothek
Die Deutsche Nationalbibliothek verzeichnet diese Publikation in der Deutschen Nationalbibliografie; detaillierte bibliografische Daten sind im Internet über http://dnb.d-nb.de abrufbar.

Mit 22 Abbildungen

ISBN 978-3-95768-206-2

Internet: www.lau-verlag.de

Umschlagentwurf: pl, Lau-Verlag, Reinbek
Titelabbildungen: (oben) US-Präsident Dwight D. Eisenhower (r) begrüßt Bundeskanzler Konrad Adenauer (l) am 17.12.1957 zu einer Aussprache in Paris. Die Beratung befasst sich mit Themen der Nato-Konferenz, die vom 16. bis 19.12.1957 in Paris stattfindet. © picture alliance / UPI
(unten) Bundeskanzlerin Angela Merkel steht neben US-Präsident Donald Trump 26.05.2017 beim Familienfoto beim G7-Gipfel in Taormina in Italien. © picture alliance / Michael Kappeler/dpa
Satz und Layout: pl, Lau-Verlag, Reinbek
Druck und Bindung: GK Druck Gerth und Klaas GmbH & Co. KG, Hamburg
Printed in Germany

INHALT

VORBEMERKUNG

Am 8. April 1953 wurde Bundeskanzler Konrad Adenauer von US-Präsident Dwight D. Eisenhower im Weißen Haus in Washington empfangen. Acht Jahre nach Kriegsende war dies das erste Treffen zwischen einem deutschen Bundeskanzler und einem amerikanischen Präsidenten. Bis 2019 folgten noch 95 weitere. Diese Treffen können gar nicht hoch genug eingeschätzt werden. Sie spiegeln nicht nur die persönlichen Beziehungen zwischen diesen Politikern wider, sondern geben darüber hinaus auch Aufschluss über das deutsch-amerikanische Verhältnis in jenen Jahren.[1] Dabei geht es auch um die politischen und menschlichen Dimensionen dieser Beziehungen, die z. T. tiefe Einblicke in das Innenleben dieser Akteure ermöglichen und uns zeigen, wie sie in bestimmten Situationen agierten. Es gab gute und weniger gute Zeiten, die deutsch-amerikanische Partnerschaft – in manchen Fällen gar Freundschaft – wurde dabei allerdings zu keinem Zeitpunkt ernsthaft infrage gestellt. Das änderte sich erst mit dem 45. Präsidenten – Donald Trump.

EINLEITUNG

Teilung und Westintegration

Bis zum ersten Besuch Adenauers im Weißen Haus 1953 war es ein weiter Weg gewesen, der acht Jahre zuvor begonnen hatte.

»Es muß den Deutschen klargemacht werden, dass Deutschlands rücksichtslose Kriegsführung und der fanatische Widerstand der Nazis die deutsche Wirtschaft zerstört und Chaos und Leiden unvermeidlich gemacht haben und daß sie nicht der Verantwortung für das entgehen können, was sie selbst auf sich geladen haben. Deutschland wird nicht besetzt zum Zwecke seiner Befreiung, sondern als ein besiegter Feindstaat. Das Hauptziel der Alliierten ist es, Deutschland daran zu hindern, je wieder eine Bedrohung des Weltfriedens zu werden.«[1] So lauteten die Kernsätze in der berühmten »Direktive 1067« der amerikanischen Stabschefs vom April 1945.

Was der Oberbefehlshaber der anglo-amerikanischen Truppen, General Dwight D. Eisenhower, nach dem Besuch von Ohrdruf, einem Außenlager des Konzentrationslagers Buchenwald, etwa 13 km südlich von Gotha, am 12. April damals sagte, galt für viele andere auch: Er werde niemals wieder einem Deutschen die Hand geben, geschweige denn mit ihm sprechen.[2]

Wer damals Deutsch sprach, hatte schlicht und einfach schlechte Karten. Das deutsche Volk war geächtet. In den ersten Wochen vor und nach dem 8. Mai 1945 wurden von den amerikanischen Soldatensendern Radiospots ausgestrahlt, die sich so anhörten: »Jeder freundliche deutsche Zivilist ist ein getarnter Soldat des Hasses, bewaffnet mit der inneren Überzeugung, daß die Deutschen noch immer überlegen sind, daß es eines Tages ihre Bestimmung sein wird, dich zu vernichten. Ihr Haß und ihr Zorn und ihre Überzeugung stecken ihnen tief im Blut. Ein Lächeln ist ihre Waffe, um dich zu entwaffnen. Fraternisiere nicht! – Im Herzen, mit Leib und Seele ist jeder Deutsche Hitler. Hitler ist der Mann, der den Glauben der Deutschen verkörpert. Schließ keine Freundschaft mit Hitler! Fraternisiere nicht!«[3]

Genauso klang es auch in dem wohl bekanntesten Lehrfilm der US-Army für die zukünftigen Besatzer: *Your Job in Germany, 1945*.[4]

General Lucius D. Clay, 1945 bis 1947 stellvertretender US-Militärgouverneur und dann bis 1949 Militärgouverneur in Deutschland, schrieb am 16. Juni 1945 an den stellvertretenden Kriegsminister John J. McCloy: »Der kommende Winter wird schlimm werden für die Deutschen. Sie werden hungern und frieren. Einiges davon muß sein, damit sie am eigenen Leib die Folgen des von ihnen ausgelösten Krieges erfahren.«

Dann folgten allerdings zwei bezeichnende weitere Sätze: »Zwischen dem für diesen Zweck notwendigen Hungern und Frieren und dem Hungern und Frieren, das zu menschlicher Verzweiflung führt, ist es ein weites Feld. Möglicherweise können wir die Verzweiflung nicht verhindern, aber es ist mit Sicherheit unsere Pflicht, es zu versuchen.«[5]

Die Amerikaner versuchten es bekanntlich und reichten den Deutschen schon bald die Hand. Der spätere Bundeskanzler Helmut Schmidt, der nach der Rückkehr aus der Kriegsgefangenschaft seine ersten brauchbaren Stiefel von amerikanischen Quäkern geschenkt bekam, erinnerte sich noch 1987: »Ich werde das nicht vergessen.«[6] So wie ihm ging es damals vielen Deutschen. Konrad Adenauer wies in seiner ersten Regierungserklärung am 20. September 1949 darauf hin, als er meinte, er glaube nicht, »daß jemals in der Geschichte ein siegreiches Land versucht hat, dem besiegten Land in der Weise zu helfen und zu seinem Wiederaufbau und zu seiner Erholung beizutragen, wie das die Vereinigten Staaten gegenüber Deutschland getan haben und tun«. Unzählige Amerikaner hätten den Deutschen in ihrer schweren Not geholfen; das deutsche Volk »wird das dem amerikanischen Volk niemals vergessen dürfen, und wird das auch nicht vergessen«.[7]

Der Ausbruch des Kalten Krieg wurde dabei für die Westdeutschen zu einem Glücksfall – allerdings mit der Konsequenz der Teilung des Landes. Was sich bereits 1945 abzeichnete, machte US-Präsident Harry S. Truman am 5. Januar 1946 intern und unmissverständlich klar: »Wenn man mit Rußland nicht eine deutliche Sprache spricht und ihm nicht mit eiserner Faust entgegentritt, ist der nächste Krieg in Sicht. Es gibt nur eine Sprache, die die Russen verstehen, nämlich: Wie viele Divisionen habt ihr?« Er sprach sich gegen weitere Kompromisse aus und betonte: »Ich habe es satt, die Sowjets weiter zu hätscheln.« (*»I am tired of babying the Soviets.«*)[8]

Das war der Beginn eines Jahres, dessen Ende auch das Ende jeder Kooperation mit der Sowjetunion bedeutete. Von nun an ging es beinahe Schlag auf Schlag. Am 9. Februar 1946 hielt Stalin in Moskau eine Rede, in der er erneut die marxistische These vertrat, dass das kapitalistische System in sich selbst die Elemente einer allgemeinen Krise und militärischer Zusammenstöße enthalte, mit anderen Worten: Die von Stalin erwartete Wirtschaftskrise in den kapitalistischen Staaten würde nahezu gesetzmäßig zur Aufrüstung und schließlich zum Krieg führen. Das State Department und Marineminister James Forrestal betrachteten diese Rede als einen direkten Angriff auf die USA; und für William O. Douglas, einen Richter am Obersten Bundesgericht, war dies gar eine »Kriegserklärung, die Erklärung zum Dritten Weltkrieg«.

Das State Department bat den stellvertretenden Chef der amerikanischen Mission in Moskau, George F. Kennan, um eine Einschätzung dieser Rede. Die kam am 22. Februar in Form jenes berühmten »langen Telegramms«. Es waren zwar nicht »8000 Worte«, wie Kennan in seinen Erinnerungen später schrieb, sondern nur 5000, aber immer noch das längste Telegramm in der Geschichte des State Department. Für den Russlandexperten Kennan war die sowjetische Außenpolitik militant, aggressiv und expansionistisch, kompromisslos, negativ und destruktiv. Winston Churchill sprach in seiner berühmten Rede in Fulton/Missouri am 5. März 1946 im Beisein von Präsident Truman erstmals öffentlich vom »Eisernen Vorhang« und bedauerte intern, dass »*Uncle Joe*« – Stalin – ihm daraufhin wohl keinen Kaviar mehr schicken würde. Im britischen Kabinett sprach Premierminister Clement Attlee am 7. Mai 1946 von Westdeutschland als einem »Bollwerk gegen die Ausbreitung des kommunistischen Einflusses aus dem Osten«.[9]

Was 1946 erkennbar gewesen war, trat im Laufe des Jahres 1947 in aller Schärfe auch öffentlich zutage. Das Jahr stand im Zeichen wachsender Ost-West-Spannungen, der Kalte Krieg brach nun offen aus. Stichworte sind hier Truman-Doktrin und Marshall-Plan. In einer Rede am 12. März 1947 vor beiden Häusern des Kongresses machte Truman das Angebot, »die freien Völker zu unterstützen, die sich der Unterwerfung durch bewaffnete Minderheiten oder dem Druck von außen widersetzen,« und US-Außenminister George C. Marshall bot im Juni 1947 in einer Rede an der Harvard-Universität den Europäern umfassende Wirtschaftshilfe an.

Die dann anlaufende Hilfe des nach Marshall benannten Plans machte einen tiefen Eindruck auf die Westdeutschen und ihre politischen Repräsentanten. Die Auswirkungen in wirtschaftlicher, politischer und auch in psychologischer Hinsicht auf sie waren gravierend. Für viele ging es damals schlicht ums Überleben. Die Dankesworte der Politiker waren ehrlich gemeint. Die USA wurden zunehmend als Garant der Freiheit gesehen, was bei der nächsten großen Krise, der Berlin-Blockade 1948/49, noch deutlicher wurde.

Berlinblockade 1948/49: Die Anglo-Amerikaner reagieren mit der Luftbrücke. Hier einer der berühmten »Rosinenbomber«.

Wer im Sommer 1948 in Westdeutschland noch Zweifel an der Richtigkeit der anglo-amerikanischen Politik hatte, dem wurden diese jetzt durch die Brutalität der Blockade genommen. Bei der Abwehr der sowjetischen Erpressung fühlten sich Westdeutsche, Westberliner und Westalliierte zum ersten Mal seit 1945 als Verbündete.

Es ging um die Abwehr der sowjetischen Bedrohung und um die Integration der Bundesrepublik in den Westen. Im Sommer 1949 bezeichnete US-Außenminister Dean Acheson das als »wichtigstes Ziel der amerikanischen Politik«.[10] Die Konsequenz drückte ein britischer Diplomat treffend so aus: Man müsse sich dann damit wohl abfinden, den deutschen Partner vor dem Kamin im Wohnzimmer eine dicke Zigarre rauchen zu sehen.[11]

Bundeskanzler Konrad Adenauer und der amerikanische Hochkommissar John J. McCloy. Ihr Verhältnis ist anfangs eher frostig, wird dann aber immer besser.

I. 1953–1961: KONRAD ADENAUER UND DWIGHT D. EISENHOWER

1. Konrad Adenauer

Der erste deutsche Partner war Bundeskanzler Adenauer, der sich schon bald als der richtige Mann für diese Politik erwies. Konrad Adenauer war 73 Jahre alt, als er am 15. September 1949 vom Bundestag mit einer Stimme Mehrheit zum Bundeskanzler der Bundesrepublik Deutschland gewählt wurde. Angesichts seines hohen Alters betrachteten ihn manche als eine Art Übergangskanzler. Sie sollten sich gründlich täuschen. Adenauer hatte klare Vorstellungen, wohin die Reise dieser Bundesrepublik gehen sollte. Aus dem Elend der deutschen Geschichte und dem Misstrauen gegenüber seinen Landsleuten leitete er nach 1945 seine Grundsatzentscheidung ab, nämlich das Gesicht der (West-)Deutschen nach Westen zu wenden. Die Westintegration, das hieß Freiheit und Sicherheit für die Bundesrepublik, und hatte für ihn Vorrang vor der Wiedervereinigungspolitik.

Gegenüber dem amerikanischen Hochkommissar John McCloy formulierte Adenauer im Dezember 1950 seine zwei Grundprinzipien, und zwar:

»1) Es ist besser, daß die Wiedervereinigung der beiden Teile Deutschlands verzögert wird, als daß ein vereinigtes Deutschland unter bolschewistische Herrschaft gerät.

2) Die Bundesregierung ist der Auffassung, daß man das Verhältnis zu Frankreich unter allen Umständen auf eine gesunde Basis der gegenseitigen Verständigung stellen muss, daß man alles tun muss, um das Verhältnis Deutschlands zu England möglichst wirksam zu gestalten; das Entscheidende aber ist eine enge Kooperation mit den Vereinigten

Staaten; denn ohne diese Kooperation ist Westeuropa und damit auch Westdeutschland gegenüber der Gefahr aus dem Osten nicht zu bewahren.«[1]

Die Grundprämissen seiner Außenpolitik hatte er bereits vor seiner Amtsübernahme in einem Privatbrief folgendermaßen formuliert: »Auf außenpolitischem Gebiet liegt unsere Linie fest. Sie richtet sich in erster Linie darauf, ein enges Verhältnis zu den Nachbarstaaten der westlichen Welt, insbesondere zu den Vereinigten Staaten herzustellen. Es wird von uns mit aller Energie angestrebt werden, daß Deutschland so rasch wie möglich als gleichberechtigtes und gleichverpflichtetes Mitglied in die europäische Föderation aufgenommen wird.«[2]

In seinen Erinnerungen formulierte er das später so: »Ich war der Auffassung, der Gegensatz zwischen Sowjetrußland und den freien Völkern werde ständig wachsen. Es war auch für Amerika lebensnotwendig, daß ein starkes Westeuropa entstand. Hierzu war Deutschland unentbehrlich. Ein Land in Fesseln ist kein guter, vollwertiger Partner. Meines Erachtens würden unsere Fesseln daher allmählich fortfallen.«[3]

Die »Fesseln« waren das Besatzungsstatut, mit dem sich die drei Westmächte auf wichtigen Gebieten Vorbehaltsrechte gesichert hatten. Adenauer war von Anfang an zu einer Politik der Zugeständnisse und Vorleistungen bereit, in der berechtigten Hoffnung, dass erst die Praxis die Grundlage für eine Partnerschaft mit den Westmächten schaffen werde, an deren Ende die Souveränität der Bundesrepublik stand – fest eingebunden in die Gemeinschaft der westlichen Staaten.

Auf diesem Weg zur Erlangung der Souveränität spielten der Schuman-Plan und die daraus entstehende Europäische Gemeinschaft für Kohle und Stahl als erster Schritt zur europäischen Integration eine wichtige Rolle. Der Plan, den Frankreichs Außenminister Robert Schuman im Mai 1950 ankündigte, wies den Weg zu einer deutsch-französischen Annäherung, die wiederum Grundvoraussetzung für eine mögliche Integration Europas unter Einschluss der Bundesrepublik war, ganz im Sinne von Achesons Überzeugung, dass »ein Europa ohne Deutschland wie ein Körper ohne Herz« sei.[4] David Bruce, US-Botschafter in Paris, meinte im Februar 1951: »Nach der allgemein herrschenden Stimmung steht und fällt die Bereitschaft Amerikas zu Hilfeleistungen an Deutschland mit Annahme des Schuman-Planes durch die Bundesrepublik. Nichtannahme wird dazu führen, daß Amerika in allen anderen Fragen jedes Interesse an Deutschland verlieren wird. Der Schuman-Plan hat selbst für diejenigen Amerikaner, die die Einzelheiten nicht kennen, symbolische Bedeutung erlangt und ist für die öffentliche Meinung Amerikas zum Prüfstein für die gesamte künftige politische Haltung Deutschlands geworden.«[5]

Im Gespräch mit Adenauer bestätigte McCloy diese Auffassung im Juli 1951. Demnach spielte der Schuman-Plan in den Überlegungen der führenden amerikanischen Persönlichkeiten »eine entscheidende Rolle. Immer wieder wurde die Frage gestellt, wie kann man einen neuen deutschen Militarismus vermeiden und darf man überhaupt heute schon den Deutschen wieder Waffen in die Hand geben. Im allgemeinen wird der Schuman-Plan als eine ›herrliche Sache‹ angesehen. Kein Mensch wisse, was er wirklich bedeute, aber es genügten die mit ihm verknüpften allgemeinen Vorstellungen über eine Zusammenfassung von Deutschland und Frankreich, die für alle Zeiten kriegerische Konflikte ausschlösse. Die Überzeugung sei im Wachsen, daß man Deutschland wieder trauen könne.«[6]

Und offensichtlich auch wieder Waffen geben konnte, was im Zusammenhang mit dem im Juni 1950 ausgebrochenen Koreakrieg zwingend wurde.[7] Adenauer wurde schon bald der »beste Kanzler, den wir bekommen konnten«, wie der Leiter der

Deutschlandabteilung im Foreign Office, William Mallet, am 29. November 1950 die Meinung des britischen Hohen Kommissars in der Bundesrepublik, Ivone Kirkpatrick, über Adenauer in einem Memorandum für Außenminister Ernest Bevin zusammenfasste.[8] Und dieser Kanzler hielt unbeirrt Kurs und widerstand allen Neutralitätsversuchungen Stalins – Stichwort Stalin-Note vom 10. März 1952: Stalins Angebot: Deutschland wiedervereint, aber militärisch neutral.[9] Adenauer wurde jetzt so etwas wie der »Turm in der Schlacht«[10] bei möglichen neuen sowjetischen Angeboten. Die amerikanische Politik lautete Anfang 1953 denn auch, um beinahe jeden Preis den Wahlsieg Adenauers zu sichern.

2. Dwight D. Eisenhower

Am 4. November 1952 wurde Dwight D. Eisenhower zum neuen Präsidenten der USA gewählt, am 20. Januar 1953 als 34. Präsident vereidigt.

Dwight D. Eisenhower wurde 1890 in dem kleinen Ort Denison in Texas geboren. Seine deutschstämmigen, protestantischen Eltern zogen nach Abilene in Kansas, als er zwei Jahre alt war. Dort besuchte Eisenhower die Schule. Diesen verschlafenen Ort, der seine große Zeit in den 1870er Jahren gehabt hatte, bezeichnete er später als seine Heimat. Abilene ist auch heute noch ein überschaubarer Ort, allerdings seit mehr als 60 Jahren mit der herausragenden Eisenhower-Bibliothek.

Eisenhower schlug die Militärkarriere ein; man ermöglichte ihm den Besuch der Militärakademie in West Point. Dies zeichnete seinen weiteren Weg vor. Einer seiner Förderer war der später so berühmte General Douglas MacArthur, der ihn 1933 zu seinem Adjutanten machte und dem er dann 1935 auch auf die Philippinen folgte.

Ende Dezember 1939 kehrte er in die USA zurück und arbeitete im Kriegsministerium. Was er von der Entwicklung in Deutschland unter den Nazis hielt, wurde in einem Brief deutlich, den er seinem Bruder Milton bei Kriegsausbruch schrieb: »Es kann kaum möglich sein, daß Menschen, die sich selbst als intelligent bezeichnen, einem machtbesessenen Egozentriker, einem kriminellen Irren, die absolute Herrschaft über ein 89-Millionen-Volk überlassen.« Das bedeutete, wie der Biograf Eisenhowers, Stephen Ambrose meinte, in einem Wort zusammengefasst, Kollektivschuld. Und Eisenhower prophezeite, sollte Hitler den Krieg verlieren, »muß Deutschland zerstückelt werden«.[11]

1944 leitete er die Invasion in der Normandie. Bei dem schnellen Vormarsch auf Paris glaubte so mancher Zeitgenosse, der Krieg sei bald zu Ende. Eisenhower wusste es besser. Am 11. August schrieb er seiner Frau Mamie, sie solle nicht alles glauben, was in den Zeitungen stehe: »Jeder Sieg ist süß, aber das Kriegsende wird erst erreicht sein, wenn wir die Hunnen vollständig geschlagen haben.« Und am 19. September: »Wir müssen noch viel erleiden. Mein Gott, ich hasse die Deutschen.«[12]

Je mehr die Wehrmacht Widerstand leistete, desto stärker wurde dieser Hass. Zu einem Schlüsselerlebnis für Eisenhower wurde sein bereits erwähnter Besuch des Konzentrationslagers Ohrdruf am 12. April 1945. Seiner Frau schrieb er anschließend: »Ich habe mir nicht in meinen Träumen vorstellen können, daß es solche Grausamkeit, Bestialität und Brutalität tatsächlich gibt in dieser Welt! Es war furchtbar.«[13] Und zum Stabschef der Armee, George C. Marshall, meinte er: »Das, was ich gesehen habe, spottet jeder Beschreibung.«[14]

Schon vorher hatte er ein Fraternisierungsverbot für seine Soldaten angeordnet. Sein Hauptaugenmerk als Militärgouverneur – bis November 1945 – legte er auf die Entnazifizierung. Im Oktober meinte er in einer Rede in Frankfurt am Main:

»Erfolg oder Mißerfolg unserer Besatzungspolitik wird sich in 50 Jahren zeigen, wenn wir dann die Deutschen anschauen. Der Beweis wird erbracht werden, wenn sie beginnen können, eine Demokratie aufzubauen, und wir ihnen die Chance geben, genau das zu tun.«[15]

Ende Dezember 1945 verließ Eisenhower Deutschland, um die neue Aufgabe als Stabschef der Armee in Washington zu übernehmen. Zwei Jahre später wurde er Präsident der Columbia University. Auf Vorschlag des NATO-Ministerrats ernannte ihn Präsident Truman am 19. Dezember 1950 zum Oberbefehlshaber der NATO.[16]

In dieser Funktion war er Anfang Januar 1951 zum ersten Mal wieder in Deutschland, wo er am 20. Januar auf einer Pressekonferenz in Frankfurt am Main feststellte: »Als ich das letzte Mal in Deutschland war, war ich voller Haß auf alles, für das die Nazis standen, und ich habe hart gekämpft, um sie zu zerstören. Aber was mich jetzt betrifft: Ich will die Vergangenheit ruhen lassen und hoffe, daß das große deutsche Volk eines Tages an der Seite der freien Welt steht, weil ich glaube, daß die Deutschen im Kern ein friedliebendes Volk sind.«[17]

Zwei Tage später kam es bei einem Empfang im Haus von Hochkommissar John McCloy in Bad Homburg im Beisein von Bundeskanzler Adenauer und dem stellvertretenden SPD-Vorsitzenden Erich Ollenhauer zu einer denkwürdigen Begegnung. Erstmals seit 1945 stand Eisenhower wieder Generälen der ehemaligen Wehrmacht gegenüber: Hans Speidel und Adolf Heusinger. Während des Krieges hatte Eisenhower sich geschworen, keinem deutschen General die Hand zu geben. Das hatte er im Mai 1943 bei der Kapitulation des deutschen Afrikakorps bei General Hans-Jürgen von Arnim genauso gehalten wie am 7. Mai 1945, als Alfred Jodl, Hans-Georg von Friedeburg und Wilhelm Oxenius vor ihm in Reims die bedingungslose Kapitulation unterzeichneten. Jetzt warteten vor allem die Deutschen gespannt auf Eisenhowers Reaktion. Der ging auf Speidel und Heusinger mit der Bemerkung »*Ah, the generals*« zu und gab ihnen die Hand. Speidel meinte später, diese Geste habe sehr zur Versöhnung beigetragen, zumal Eisenhower auf der erwähnten Pressekonferenz auch gesagt hatte, er unterscheide zwischen dem einfachen Soldaten und Offizier und Hitler mit seiner Verbrecherclique. Er glaube nicht, dass der deutsche Soldat seine Ehre verloren habe. Und im Übrigen sei er bereit, die Vergangenheit ruhen zu lassen.[18]

Eisenhower war zum Oberbefehlshaber der NATO mit der klaren Aufgabe ernannt worden, aus dem »Papiertiger« NATO, die bis zu diesem Zeitpunkt nur »mit Bindfaden, Kaugummi und Sicherheitsnadeln« zusammengehalten wurde, wie US-Außenminister Dean Acheson das so treffend formulierte,[19] ein funktionierendes Militärbündnis zu machen. Ohne die Deutschen würde das wohl nicht gehen. Und da gab es noch etliche Misstöne.

Am 1. Februar 1951 berichtete Eisenhower dem amerikanischen Kongress über seine Informationsreise durch Europa vom 6. bis 26. Januar 1951. Zur Frage eines Verteidigungsbeitrages der Bundesrepublik meinte er, das sei langfristig nötig, wenn die Deutschen über einen längeren Zeitraum ihre Gleichberechtigung erarbeitet hätten. Erst dann könne man darüber reden, deutsche Einheiten in welcher Form auch immer zu akzeptieren.[20]

Adenauer war irritiert. Der amerikanische Unterstaatssekretär George W. Perkins und der Leiter der Deutschlandabteilung des State Department, Henry Byroade, die sich anlässlich einer Konferenz amerikanischer Botschafter in den westeuropäischen Staaten Anfang Februar in Frankfurt am Main aufhielten, beeilten sich, Adenauer zu beruhigen. Sie versicherten ihm, dass sich durch diese Rede an der amerikanischen Politik in der Frage der Beteiligung Deutschlands an der Verteidigung Europas »nicht das geringste« geändert habe. Die Vereinigten Staaten legten auf die möglichst sofortige Beteiligung Deutschlands an der gemeinsamen Verteidigung nach wie vor »entscheidenden Wert«.[21]

Ganz so einfach schien das allerdings doch nicht zu sein. Am 8. Februar 1951 meinte der amerikanische General Robert Wood in Chicago gegenüber dem deutschen Diplomaten Alexander Böker, Eisenhower sei zwar ein »außerordentlich charmanter Kerl, aber ein Opportunist. [...] Seine Begabung läge weniger auf dem soldatischen und strategischen Gebiet als in der Politik und der Diplomatie. Eisenhower betrachte auch seine gegenwärtige Aufgabe in diesem Licht. Er sei kein Mann der starken Überzeugungen, und man könne daher kein allzu großes Vertrauen in ihn setzen.«[22]

Ähnliches berichtete Böker dann wenig später nach seiner USA-Reise vom 27. Januar bis 15. Februar. Demnach schien Eisenhower in der Frage der deutschen Wehrbeteiligung eine »sehr zweideutige Rolle gespielt zu haben und noch zu spielen. Seine Schachzüge werden allseitig als mehr von politischen denn von militärischen Gesichtspunkten geleitet angesehen. [...] Im übrigen warnen viele, die Eisenhower aus nächster Nähe kennen, davor, seine in Frankfurt an die deutsche Presse gerichteten freundlichen Worte zu überschätzen; er habe im Grunde eine tiefe Abneigung gegen alles Deutsche, was noch dadurch gestärkt würde, daß er seinen stärksten politischen Rückhalt an sehr wohlhabenden, deutschfeindlichen, jüdischen Kreisen New Yorks [...] habe, denen eine deutsche Wiederaufrüstung ein Dorn im Auge sei, weil dadurch das internationale Gewicht Deutschlands erhöht würde. Das Urteil Eisenhowers in dieser Frage soll bei der Entscheidung über den Aufschub des deutschen Wehrbeitrages die ausschlaggebende Rolle gespielt haben und hat einige seiner Mitarbeiter im Pentagon stark vergrämt.«[23]

Im April 1951 hatte sich dies offensichtlich geändert: Eisenhower war jetzt *für* einen deutschen Beitrag. Zumindest hatte er gegenüber McCloy erklärt, dass »Westeuropa einschließlich Westdeutschland nur mit Hilfe deutscher Truppen wirksam verteidigt werden könne«,[24] und im Juli 1951 gab er sich gegenüber Acheson davon überzeugt, dass die Zeit gekommen sei, mit allem Nachdruck auf die frühestmögliche Implementierung der europäischen Armee drängen zu müssen. Er stimme mit McCloy und US-Botschafter Bruce in Paris vollkommen darin überein, dass das trotz aller Probleme gemacht werden müsse. Dies sei die beste und frühestmögliche Chance, zwei Probleme zu lösen, nämlich die notwendige Beteiligung Westdeutschlands und die Möglichkeit, die Vereinigung Westeuropas voranzutreiben. »Ich bin ganz davon überzeugt, daß die Vereinigten Staaten eine konstruktive und starke Führungsrolle übernehmen müssen, wenn eine vernünftige Lösung gefunden werden soll.«[25]

Hatte Eisenhower noch Anfang 1951 klargemacht, dass er wegen deutscher Soldaten nicht als Bettler gegenüber Deutschland auftreten wolle, so war er im November 1951 einen Schritt weiter. Nach der NATO-Ministerratstagung in Rom wurde dem deutschen Botschafter Clemens von Brentano von italienischer Seite mitgeteilt, Eisenhower und sein Stabschef hätten »mit größtem Ernst darauf hingewiesen, daß Aufstellung eines europäischen Heeres nicht mehr verzögert werden dürfe. Deutschland müsse innerhalb des Verteidigungssystems die Stelle einnehmen, die seiner Würde entspräche: Gleichheit an Rechten und Gleichheit an Pflichten.«[26]

Anfang 1952 war klar, dass Eisenhower dem Drängen der Republikanischen Partei nachgeben und als Präsidentschaftskandidat zur Verfügung stehen würde. Am 10. April bat er Präsident Truman um Entlassung als Oberbefehlshaber der NATO-Streitkräfte zum 1. Juni 1952. Truman antwortete mit einem handgeschriebenen Brief: Eisenhowers Rücktritt mache ihn »ziemlich traurig [...]. Ich hoffe, Ihre neue Aufgabe wird Sie glücklich machen.«[27]

Am 2. Mai 1952 machte Eisenhower seinen Abschiedsbesuch bei Adenauer. In dem Gespräch ging es auch um die Stalin-Note und die westliche Antwortnote, zu der McCloy, der im Laufe der Unterredung hinzugekommen war, eine interessante Frage stellte, nämlich: »Wie könnte die deutsche Bevölkerung davon überzeugt werden, daß es die Westmächte mit der deutschen Einheit ernst meinten und gleichzeitig die Absicht hätten, die politische Integration in das westliche System fortzusetzen?« Mit dem Antwortschreiben müsse man erreichen, »daß die Russen ihre wirklichen Absichten offenbarten. Man müsse sie zwingen, Farbe zu bekennen, und dann werde sich auch herausstellen, daß sie einer Wiedervereinigung Deutschlands in Freiheit nicht zustimmen würden.« In dem Antwortschreiben müssten gewisse Fragen an die Sowjets gerichtet werden.[28]

Wenn man sich die vom britischen Außenminister Anthony Eden so genannte »Notenschlacht« im Zusammenhang mit der Stalin-Note anschaut, so wurde genau das nicht erreicht. Alle Überlegungen, die Sowjets in der Tat dazu zu zwingen, Farbe zu bekennen, und zwar auf einer Konferenz, wurden bekanntlich von Adenauer abgelehnt.[29]

Am 1. Juni 1952 verließ Eisenhower Europa und stürzte sich in den Wahlkampf, den er gemeinsam mit dem 39-jährigen Richard Nixon als seinem Vize erfolgreich zu Ende führte. Er hatte sich in diesen Monaten mehr und mehr zum Antikommunisten entwickelt. Er verglich die Sowjetunion mit einer Prostituierten, »und ob ihre Kleider nun neu oder nur geflickt sind, darunter befindet sich mit Sicherheit dieselbe Hure«. Amerika wolle diese Hure aus ihrem jetzigen »Revier« wieder zurück in den Hinterhof treiben.[30]

3. 1953: Adenauers erster Besuch in Washington

Am 7. April 1953 empfing Eisenhower Adenauer im Weißen Haus. John McCloy hatte die entsprechende Einladung Präsident Trumans nach Unterzeichnung von Deutschland- und EVG-Verträgen im Juni 1952 überbracht, verbunden mit der Bitte an Adenauer, unter keinen Umständen während des Wahlkampfes zu kommen, denn da zeige Amerika »nicht sein wahres Gesicht, und alle Menschen seien verrückt«.[31] Eisenhower hatte diese Einladung dann wiederholt.

Der erste Besuch des deutschen Kanzlers in Washington acht Jahre nach Kriegsende war schon etwas Außergewöhnliches und eine besondere Geste der Amerikaner. Allerdings reichte es noch nicht zum Abspielen der deutschen Hymne vor dem Weißen Haus; das geschah dann erst auf dem Nationalfriedhof Arlington. Adenauer ging gestarkt nach Washington, waren doch die Westverträge in dritter Lesung ratifiziert – genauso wie das Luxemburger Abkommen mit Israel.[32]

In Washington ging es zunächst darum, den Amerikanern klarzumachen, dass die Bundesrepublik Deutschland zum Westen stand. Adenauer zu Eisenhower: »Wir in Deutschland bejahen – mehr als bejahen – die amerikanische Politik. Wir sind ein treuer und zuverlässiger Partner. [...] Die amerikanischen Staatsmänner brauchen nicht zu befürchten, daß wir in Deutschland weich werden. Die Deutschen kennen die Russen und die totalitäre Denkweise besser als die meisten anderen Völker«, während Eisenhower zuvor betont hatte, Adenauer »könne sich hier ganz wie unter Freunden fühlen, denen das Wohl eines freien Deutschlands am Herzen liege. Die beiden Länder müßten ihre Probleme gemeinsam lösen.«[33]

Die Berichte über Adenauers Reise nach Washington und dann nach San Francisco, Chicago, New York, Harvard und Ottawa vermittelten den Menschen in Westdeutschland den

Eisenhower und Adenauer im Weißen Haus. Adenauer: »Die amerikanischen Staatsmänner brauchten nicht zu befürchten, daß wir in Deutschland weich würden.« Eisenhower: Adenauer könne sich hier »ganz wie unter Freunden fühlen«.

Eindruck, dass die Bundesrepublik, wie Adenauers Vertrauter, Herbert Blankenhorn, in sein Tagebuch schrieb, »in ihrem wichtigsten Partnerland ganz erheblich an Ansehen und Geltung gewonnen hatte. Dementsprechend wurde der Kanzler bei seiner Rückkehr in der Nacht vom 19. auf 20. April in Hamburg von einer nach Tausenden zählenden Menge stürmisch begrüßt. Sein Erscheinen auf dem Parteitag der Christlich-Demokratischen Union am darauffolgenden Tag war sicher der größte persönliche Erfolg, den er seit Übernahme der Regierung im Jahre 1949 davongetragen hatte.«[34]

Der Erfolg wurde dann nur noch vom Wahlsieg im September 1953 übertroffen. Und das war ganz im Sinne der USA. US-Botschafter Bruce in Paris hatte jedenfalls zuvor Staatssekretär Hallstein versichert, »es sei die Politik der Vereinigten Staaten, dafür zu sorgen, daß der Herr Bundeskanzler seine Wahlen gewinne«. Ganz in diesem Sinne war auch das großangelegte Lebensmittelhilfsprogramm, die sogenannten »Eisenhower Pakete« für Bewohner der DDR nach dem 17. Juni als Bonner Aktion »verkauft« worden. Am Ende organisierten die Amerikaner für 15 Millionen Dollar 5,5 Millionen Lebensmittelpakete für Ostberliner und DDR-Bewohner im Wert von 5 DM pro Person (1 kg Mehl, 4 Dosen Kondensmilch, ein Pfund Hülsenfrüchte, 800 g Schmalz), die in West-Berlin an sieben Ausgabestellen abgeholt werden konnten.

Für US-Hochkommissar James Conant war bei dieser Aktion das »vorrangige Ziel, Adenauer in die Lage zu versetzen, entschieden im Hinblick auf die Krise in der Ostzone handeln zu können«. Er hatte darauf gedrängt, das Programm von der Bundesregierung durchführen zu lassen, als »außerordentliche Wahlkampfhilfe für Adenauer«. Die Ankündigung war denn auch durch die Veröffentlichung eines Briefwechsels zwischen Eisenhower und Adenauer erfolgt.[35]

Im Sommer 1953 war Adenauers Prestige in den USA jedenfalls, wie der deutsche Botschaftsrat Albrecht von Kessel aus Washington berichtete, »nahezu schrankenlos und in gewisser Beziehung fast beängstigend. Denn man erwartet von ihm nicht nur Ratschläge und eine Konzeption, sondern geradezu ein Wunder.«[36]

Die USA setzten von nun an mehr und mehr auf die Zusammenarbeit mit Adenauer. Dies nicht nur, wie US-Außenmister John Foster Dulles im Dezember 1953 zum Kanzler meinte, weil er die Wahlen gewonnen habe, vielmehr glaubten »Eisenhower und andere, die den Bundeskanzler kennen, daß er ein großer europäischer Staatsmann ist, der bedeutende historische Leistungen hervorbringen wird. Wir fühlen, daß der Bundeskanzler uns besonders nahe ist. Wenn ich dem Präsidenten Eisenhower Vortrag halte, so ist seine erste Frage stets: ›Was denkt Bundeskanzler Adenauer?‹«[37]

Am 15. Februar 1954 wurde die Viermächte-Außenministerkonferenz in Berlin ergebnislos beendet.[38] Ende August 1954 scheiterte die Europäische Verteidigungsgemeinschaft am Veto Frankreichs. Durch den Verzicht auf deutsche Atomwaffen ermöglichte Adenauer die von den Briten vorgeschlagene »Ersatzlösung«: die Bundesrepublik würde Mitglied der NATO werden.[39]

4. 1958–1961: Die Berlinkrise

Im Herbst 1958 wurde das neu gewonnene Vertrauensverhältnis zwischen Washington und Bonn auf die Probe gestellt.

Am 10. November 1958 hielt Nikita Chruschtschow, Erster Sekretär des ZK der KPdSU und Vorsitzender des Ministerrates der UdSSR, im Moskauer Sportpalast eine Rede, in der er die Aufkündigung des Potsdamer Abkommens von 1945 – Grundlage alliierter Politik in Deutschland – ankündigte. Die neue Berlinkrise war da und wurde im Januar 1959 von Chruschtschow noch verschärft, als er ein Abkommen mit der DDR ankündigte und innerhalb eines halben Jahres die Umwandlung Westberlins in eine freie Stadt und damit verbunden den Abzug der westlichen Besatzungstruppen forderte.[40]

Eisenhower war von Anfang an entschlossen, die sowjetische Erpressung zurückzuweisen. Am 13. März 1959 machte er im Kabinett klar, dass die USA in der Berlinfrage notfalls zum Krieg bereit sein würden. Sollte die Zufahrt nach Berlin gesperrt werden, gehe es nur noch darum zu entscheiden, »ob wir Moskau bombardieren«. Würden die Sowjets West-Berlin mit Gewalt nehmen, dann müsse man die »große Entscheidung« treffen. Wenn die Sowjets diese Entschlossenheit Washingtons erkennen würden, würden sie nachgeben, worauf Senator Lyndon B. Johnson – der spätere Präsident – fragte: »Und falls nicht? Bedeutet das dann, auf den Knopf zu drücken?« Verteidigungsminister Neil McElroy bestätigte, dass es keinen anderen Weg gebe.

Für die Stabschefs wäre ein Verlust Berlins ein »politisches und militärisches Desaster« gewesen. Ihrer Meinung nach musste man entschlossen und bereit sein, »falls alles andere scheitert, einen Atomkrieg gegen die Sowjetunion zu führen«. In jedem Fall sollte der Zugang nach Berlin mit einer Division freigekämpft werden. Würde das nicht ausreichen, sollte auf eine andere Art »*action*« umgeschaltet werden. McElroy bestätigte, was das bedeutete: »Wenn wir das tun, ist Feuer am Dach.« Mit anderen Worten: Krieg.[41]

Am 16. Februar 1959 reagierten die Westmächte auf den sowjetischen Vorstoß vom Januar. Sie schlugen für den Sommer – nach Ablauf des sowjetischen Ultimatums – eine Viermächte-Außenministerkonferenz in Genf vor. Moskau stimmte zu, die Konferenz fand auch statt, wurde aber am 5. August 1959 ohne

Ergebnis beendet. Allerdings war das sowjetische Ultimatum vom Tisch und die Großmächte begannen offensichtlich, sich zu arrangieren: Chruschtschow wurde zu einem Besuch in die USA eingeladen.

Adenauer war darüber außerordentlich besorgt. Wäre Dulles noch am Leben – er war im Mai gestorben –, so vertraute er später dem amerikanischen Botschafter Bruce an, hätte es eine solche Einladung nicht gegeben.[42]

Der Kanzler wurde in diesen Wochen aus der Sicht Washingtons ein immer schwierigerer Partner, unbeweglich und voller Misstrauen. Im State Department wies Unterstaatssekretär Foy Kohler auf die tief sitzende Furcht hin, von der Adenauer umgetrieben werde, dass sich nämlich die Amerikaner eines Tages mit den Sowjets auf Kosten der Deutschen einigen könnten. Die bevorstehenden Gespräche zwischen Eisenhower und Chruschtschow würden dessen Ängste nur noch verstärken.[43] Um die zu zerstreuen, machte Eisenhower auf seiner Europareise Ende August zuerst in Bonn Station, wo er dem Kanzler versicherte, er werde Chruschtschow gegenüber keine Vorschläge machen und keine Verhandlungen führen.

Der Besuch Chruschtschows in den USA verlief aus der Sicht des sowjetischen Diktators denn auch höchst unbefriedigend.[44] In der ihn alles interessierenden Frage machte Eisenhower keine Zugeständnisse, mit Ausnahme *einer* Äußerung, nämlich dass die Situation in Berlin »nicht normal« (*»abnormal«*) sei. Chruschtschow hat dieses Wort dann später immer wieder zitiert, um seine Forderung nach Änderung der Situation zu rechtfertigen.

Eisenhower versicherte Adenauer wenig später, dass es »detaillierte Verhandlungen irgendwelcher Art nicht gegeben« habe und wiederholte gleichzeitig die Garantie der USA, »solange wie nötig für die Sicherheit und Freiheit der Westberliner zu sorgen«.[45] Adenauers Misstrauen konnte er damit allerdings nicht beseitigen, zumal Eisenhower seine Bereitschaft erklärt hatte, an einer Gipfelkonferenz in Paris – mit ihm, Chruschtschow, dem britischen Regierungschef Macmillan und Frankreichs de Gaulle – teilzunehmen.

Zu dem von Adenauer befürchteten Arrangement der Großen kam es dann aber nicht. Am 1. Mai 1960, 15 Tage vor der geplanten Konferenz wurde bei Swertlowsk ein amerikanisches Spionageflugzeug vom Typ U-2 abgeschossen und der Pilot Francis Powers gefangen genommen. Chruschtschow kam zwar noch nach Paris, nahm diesen Zwischenfall dann aber zum Anlass, die Konferenz platzen zu lassen, nachdem Eisenhower sich geweigert hatte, sich öffentlich zu entschuldigen. Adenauer war erleichtert. Gegenüber seinem Pressechef Felix von Eckardt äußerte er, man habe noch einmal »fies Jlück jehabt«.[46]

Auf der Rückreise von Paris gab Chruschtschow in Ost-Berlin zu erkennen, dass er auf ein erneutes Gipfeltreffen in sechs bis acht Monaten hoffe. Er setzte auf Eisenhowers Nachfolger, der im November gewählt wurde – und John F. Kennedy hieß.

Etwa 400 000 West-Berliner haben sich vor dem Schöneberger Rathaus versammelt, um Kennedy reden zu hören.

II. 1961–1963: KONRAD ADENAUER UND JOHN F. KENNEDY

1. John F. Kennedy

John F. Kennedy wurde am 29. Mai 1917 in Brookline, Massachusetts, geboren und verbrachte eine unbeschwerte Jugend als Sohn des mehrfachen Millionärs Joseph Kennedy. An einer Stelle bekannte er einmal, er habe von der Depression in den dreißiger Jahren in Amerika nichts mitbekommen. Sein Vater hatte sein Vermögen durch Börsenspekulationen und zahlreiche andere, teilweise zweifelhafte Geschäfte erworben, unterstützte Franklin D. Roosevelt im Wahlkampf und wurde dafür mit dem Botschafterposten in London belohnt (1937–1940).

Seit dem 20. Januar 1961 war er der 35. US-Präsident und mit 43 Jahren der jüngste in dieses Amt gewählte Politiker (und der erste Katholik). Mit ihm und seiner Frau Jacqueline schien ein neues Zeitalter angebrochen zu sein. Nach außen strotzend vor Jugend und Gesundheit, war Kennedy tatsächlich ein schwer kranker Mann, was wir allerdings erst seit 2002 wissen, nachdem die Kennedy-Familie dessen Krankenakten freigegeben hat, offensichtlich um zu zeigen, was dieser Mann trotz seiner Krankheit geleistet hat. Kennedy litt an der Addisonschen Krankheit, einer Fehlfunktion der Nebennierenrinde, war oft im Krankenhaus, erhielt mehrmals die letzte Ölung; er musste wegen seiner Rückenprobleme – Folgen einer Kriegsverletzung – täglich zwei Stunden schwimmen und heiße Bäder nehmen, trug ein Stützkorsett und schlief auf einer harten Matratze, in Hotels manchmal sogar auf dem Boden. Er nahm täglich zahllose Pillen gegen seinen Schmerzen, u.a. Kortison und eine Mixtur aus Amphetaminen, die ihn geradezu drogenabhängig machte. Verabreicht wurde ihm die von dem deutschstämmigen Arzt Max Jacobson, der im Weißen Haus nur »*Dr. Feelgood*« genannt wurde. Der amerikanische Kennedy-Biograf Robert Dallek meinte in einer Fernsehsendung im Jahr 2012: »Hätte die Nation gewusst, wie krank John F. Kennedy wirklich war, wäre er nie Präsident geworden.«[1]

Kennedy hat Deutschland insgesamt fünfmal besucht. Zuerst im Jahre 1937 als 20-jähriger Harvard-Student, gemeinsam mit seinem Freund Lem Billings.[2]

Auf seiner Europareise 1939 war er gleich zweimal in Deutschland. 1945 war er wieder dort. Er begleitete Marineminister James Forrestal auf dessen Informationstour durch Deutschland. Forrestal war Banker und ein enger Freund der Familie; er wurde wenig später Verteidigungsminister.

Am 28. Juli landeten er und Forrestal auf dem Flughafen Berlin-Gatow; von dort fuhren sie zur Potsdamer Konferenz, wo Forrestal Präsident Truman traf. In Berlin war Kennedy überwältigt vom Grad der Zerstörung und vom süßlichen Gestank der in manchen Straßen herumliegenden Leichen, wie er notierte.

Anschließend besuchten die beiden Bremen und Bremerhaven, von wo es nach Frankfurt am Main zum Treffen mit General Eisenhower ging. Dann folgte am 1. August der für Amerikaner damals fast schon obligatorische Besuch von Hitlers zerstörtem »Berghof« auf dem Obersalzberg und das Kehlsteinhaus. Im Gegensatz zum Berghof hatte *Eagle's Nest*, wie die Amerikaner Martin Bormanns Geburtstagsgeschenk zu Hitlers 50. Geburtstag nannten (und nennen), die Luftangriffe im April 1945 unbeschadet überstanden. Kennedy notierte: »Nach diesem Besuch kann man leicht verstehen, dass Hitler in wenigen Jahren, wenn der momentane Hass auf ihn vergangen ist, zu einer der ganz überragenden Personen aufsteigen wird.« Sein Tagebuch endet mit dem Eintrag: »Das Zeug zur Legende gehabt.«[3] Ein Eintrag, der zumindest verwundert angesichts der Tatsache, dass wenige Wochen zuvor die Amerikaner die Konzentrationslager Buchenwald, Dachau und Mauthausen befreit hatten und die KZs damals *das* Thema in den Medien waren.

Ein knappes Jahr später übernahm Kennedy auf Drängen seines ehrgeizigen Vaters die Rolle seines im Krieg gefallenen älteren Bruders Joe und ging notgedrungen in die Politik. Er wurde als Abgeordneter für Massachusetts ins US-Repräsentantenhaus gewählt.

Obwohl Kennedy Deutschland also ganz gut kannte – in jedem Fall besser als jeder andere Präsident –, war auch er, wie vorher Eisenhower, kein besonderer Freund der Deutschen. In dem von den Deutschen entfesselten Krieg war sein Bruder ums Leben gekommen, was er nicht vergeben und nicht vergessen konnte.

Als Präsident nervten ihn die Deutschen – allen voran Bundeskanzler Adenauer – mit ihrem ständigen Misstrauen mit Blick auf die Bündnistreue der USA.

Kennedy wollte nichts von einer Wiedervereinigung wissen. Gleich nach seinem Amtsantritt wurde im Weißen Haus entschieden, den Begriff »deutsche Wiedervereinigung« nicht länger in Papieren für ihn zu erwähnen; stattdessen hieß es jetzt Selbstbestimmung.[4]

2. 1961/62: Die Berlinkrise

Davon wusste man zwar nichts in Bonn, blickte aber dennoch mit einer gewissen Spannung auf das erste Treffen zwischen Adenauer und Kennedy am 13. April im Weißen Haus. Nach wie vor gab es die Berlinkrise. Die Frage lautete: Wie würde der neue amerikanische Präsident mit dieser Krise umgehen? Kennedy wollte wissen, welchen Part die übrigen Mächte bei einer möglichen Konfrontation mit der Sowjetunion übernehmen würden. Adenauer versuchte, die komplizierte Rechtslage Berlins zu erklären, was Kennedy nicht besonders interessierte. Er hatte etwas anderes erwartet. Der Kanzler reagierte dann auch entsprechend und gab eine weitreichende Erklärung ab: Würden amerikanische Truppen bei ihrem Versuch, die Öffnung der Zufahrtswege nach Berlin zu erzwingen, in Kampfhandlungen verwickelt, »dann«, so Adenauer, »wird die Bundesregierung im Rahmen ihrer NATO-Verpflichtung die Bundeswehr in Marsch setzen«. Im Schlusskommuniqué war die Rede davon, dass die Freiheit der Bevölkerung von West-Berlin erhalten werden solle.[5]

Chruschtschow war ein Spieler mit Bauernschläue, ein Mann voller Selbstvertrauen, der seine westlichen Gegenüber einschüchtern wollte und immer wieder betonte, dass die Sowjetunion einen Friedensvertrag mit der DDR abschließen werde. West-Berlin werde eine »freie Stadt«, die Westmächte würden ihre Rechte dort verlieren und müssten mit der DDR Verträge über ihren Zugang aushandeln. Das »große Loch inmitten der Republik« (SED-Chef Walter Ulbricht) sollte damit gestopft, das »Geschwür am Körper Europas« (so Chruschtschow zu Kennedy beim Treffen in Wien am 4. Juni 1961) beseitigt werden.

Auf amerikanischer Seite erkannte der *elder statesman* und ehemalige Außenminister Dean Acheson, dass es Chruschtschow bei dem ganzen Unternehmen um mehr ging als »nur« um Berlin und die DDR, nämlich um genau das, was der Kremlchef am 31. März 1961 gegenüber Ulbricht deutlich machte, nämlich: Würde man Kennedy den Friedensvertrag mit der DDR »abringen, reißen wir die NATO in Stücke, denn die deutsche Frage zementiert die NATO«.[6]

Aus genau dem Grund war an ein amerikanisches Nachgeben nicht zu denken, wie US-Botschafter Llewellyn Thompson Chruschtschow am 24. Mai in Moskau unmissverständlich klarmachte: »Wir werden auf Gewalt mit Gewalt reagieren.« Daraufhin kam es am 26. Mai zu einer denkwürdigen Sitzung des Präsidiums der KPdSU. Chruschtschow nannte Kennedy da einen »Hurensohn« und analysierte die Gefahrenlage: »Am gefährlichsten ist Amerika«, aber Frankreich und Großbritannien würden den USA »nie folgen bei der Entfesselung eines Krieges jetzt in Europa, weil die Atomwaffenexplosionen hauptsächlich auf dem Territorium West-Deutschlands, Frankreichs und Englands stattfinden würden. Das sind kluge Leute, und das kapieren sie. Daher bin ich der Ansicht, daß in dieser Sache ein Risiko liegt und daß dieses Risiko, das wir eingehen, gerechtfertigt ist. Ich würde sagen, daß es, in Prozenten ausgedrückt, zu über 95 % keinen Krieg geben wird.«[7]

Am Ende sah er dann doch ein größeres Kriegsrisiko, denn es kam bekanntlich alles anders. Es wurde auch kein amerikanisches Flugzeug abgeschossen, wie Chruschtschow in derselben Sitzung lauthals verkündet hatte. Am 25. Juli kündigte Kennedy in einer Rede an die Nation ein gigantisches Rüstungsprogramm an und formulierte jene drei *essentials*, die von nun an fur West-Berlin gelten und mit allen Mitteln verteidigt werden sollten: Recht auf Präsenz der Westmächte (in ganz Berlin), Recht auf Zugang, Sicherheit der Freiheit der Bewohner West-Berlins. Ob das eine Einladung zum Bau der Mauer war, ist eine offene Frage. Die wurde jedenfalls am 13. August gebaut, als »das Maximum dessen, was aus West-Berlin herauszuholen war«, wie Chruschtschow Ulbricht am 26. Februar 1962 zu dessen Enttäuschung klarmachte.[8]

Die Mauer beeinträchtigte keine Interessen der Westmächte und war in jedem Fall besser als Krieg, wie Kennedy gesagt haben soll. Intern sagte er nachweislich Folgendes: »Es ist doch einfach idiotisch, dass wir wegen eines Vertrages, der Berlin als zukünftige Hauptstadt eines wiedervereinigten Deutschland vorsieht, mit der Gefahr eines Atomkrieges konfrontiert sind, wo wir doch alle wissen, dass Deutschland wahrscheinlich nie mehr wiedervereinigt wird.«[9]

Westdeutsche Hoffnungen auf eine scharfe amerikanische Reaktion waren unter diesen Umständen jedenfalls wenig realistisch. Bei den Amerikanern wollte niemand die Stacheldrahtverhaue niederreißen, im Gegenteil: Washington wollte mit den Sowjets verhandeln![10]

Angesichts der Untätigkeit der Westmächte kam es zu einer ernsten Vertrauenskrise in West-Berlin und in der Bundesrepublik. Die *Bild*-Zeitung brachte es in ihrer Schlagzeile in Großbuchstaben auf den Punkt: »Der WESTEN tut NICHTS!« Der Vorsitzende der CDU/CSU-Fraktion im Deutschen Bundestag, Heinrich Krone, schrieb in sein Tagebuch, die »Zone« und auch Ost-Berlin seien für die Amerikaner »kein Anlaß zum Eingreifen«.[11] Sehr besorgt äußerte sich am 17. August der amerikanische Botschafter in Bonn, Walter C. Dowling, in einem Schreiben an das State Department. Objektiv gesehen würden die Westdeutschen und die Westberliner auf die Abriegelung der Sektorengrenze zwar in höchstem Maße emotional und in umgekehrtem Verhältnis zum Ernst der Lage reagieren, aber: Noch mehr dramatische Veränderungen – auch wenn sie de facto nicht mehr bedeuteten als die Anerkennung der Realitäten – konnten seiner Meinung nach den Deutschen allerdings nicht zugemutet werden, weil das, so warnte er, »letztlich nur dazu führen kann, daß es zu einer radikalen Umorientierung in der deutschen Politik kommen wird«.[12]

Dies führte schließlich zu einer graduellen Änderung der amerikanischen Politik – wenn auch nur im Atmosphärischen. Dazu gehörte die Entscheidung Kennedys, die US-Garnison in Berlin um eine Kampftruppe (1500–1800 Mann) zu verstärken sowie Vizepräsident Lyndon B. Johnson auf Kurzbesuch und den »Helden« der Luftbrücke von 1948/49, General Lucius D. Clay, als seinen persönlichen Vertreter nach Berlin zu schicken.

Verhandlungen mit den Sowjets konnten nur auf Kosten der Westdeutschen gehen. Die, so hatte Dean Rusk schon vor dem Mauerbau zu seinem britischen Kollegen gesagt, »werden viele Dinge schlucken müssen, die sie bis jetzt für unmöglich gehalten haben«. Genauso sollte es auch kommen. Im September wurde der Bundesregierung klargemacht, dass es nun an der Zeit sei, sich mit den Realitäten abzufinden. »Im Interesse des Ost-West-Friedens« sollte Bonn Angebote machen. Dabei gehe es »um die Oder-Neiße-Linie als Grenze, um die Anerkennung Pankows, um Berlin als einer Freien Stadt«. Kommentar Krones: »Unmöglich! Wir können niemals ja zu diesen Forderungen sagen.«[13] Für ihn war »die Stunde der großen Desillusion« gekommen.[14]

Die Amerikaner wollten Adenauer im Frühjahr 1962 sogar so weit bringen, dabei mitzuhelfen, ihre bisherige Deutschland- und Berlinpolitik zu Grabe zu tragen: *»Put his hand upon the coffin and help to carry it«*, wie Kennedy das gegenüber dem britischen Botschafter in Washington formulierte. Kennedy äußerte sich auch sonst in nicht zu überbietender Arroganz über deutsche Politiker; sie sollten – so Kennedy wörtlich – »ihre Schnauzen ruhig in den Schweinetrog Berlin stecken«, wenn sie wollten (und möglicherweise selbst mit den Sowjets verhandeln).[15] Kennedy war sogar bereit, in einer internationalen Autobahnbehörde Vertreter der DDR miteinzubeziehen und genauso viele Autobahnkilometer in der Bundesrepublik wie in der DDR von ihr kontrollieren zu lassen – zum Entsetzen Adenauers, der daraufhin im Frühjahr 1962 die schwerste Krise in den deutsch-amerikanischen Beziehungen provozierte.

Nicht glücklich war Adenauer im Sommer 1962 auch nach wie vor über die amerikanisch-sowjetischen Gespräche, hielt sie sogar »nicht für ungefährlich«, wie er dem sowjetischen Botschafter Smirnow zu verstehen gab. Zehn Jahre »Burgfrieden« mit der Sowjetunion in der deutschen Frage könnten da seiner Meinung nach die Lage entspannen.[16]

In der Kubakrise im Oktober 1962 hielt Adenauer dann aber, »und zwar deutlich, zu den USA« und war »klarer als viele andere Verbündete«, wie Dowling dem Kanzler versicherte. Adenauer befürwortete nachhaltig »die Bombardierung und die Invasion« der Insel, zeigte sich aber gegenüber dem britischen Botschafter erstaunt darüber, dass die Amerikaner überhaupt in eine solche Situation geraten seien. Man hätte sich doch denken können, dass Chruschtschow mit Castro »kein Fischereigeschäft betreiben wolle«.[17]

3. 1962: Wieder Gespräche in Washington

Am 14. und 15. November 1962 war Adenauer wieder zu Gesprächen mit Kennedy in Washington. Beim Thema Berlin war Kennedy sich mit General Clay einig, dass es schwierig sei, den Zugang nach Berlin mit nuklearen Waffen offenzuhalten. Westeuropa müsse eine der Lage entsprechende Anstrengung auf militärischem Gebiet machen. Der Westen müsse sowohl über konventionelle als auch über nukleare Streitkräfte verfügen. Man dürfe nicht vor dem Dilemma stehen, »entweder Berlin zu verlieren oder sich selbst in die Luft zu sprengen. Vor allem die Bundesrepublik müsse auf dem Gebiet der konventionellen Waffen stärker werden.«

Adenauer war damit direkt angesprochen. Der ging auf das Gespräch mit Kennedy im April 1961 ein, als der die Frage gestellt hatte, wo die deutschen Truppen im Ernstfall stehen würden. Nun wiederholte der Kanzler, was er da gesagt hatte, dass nämlich die deutschen Truppen an der Spitze stehen würden, um dann einen Gedanken einzubringen, den er im Verlauf des Gesprächs noch dreimal mit Nachdruck vortrug: Die Ausrüstung der Bundeswehr mit »kleinen nuklearen Waffen«.

Kennedy erwiderte, wenn es erst einmal zum Einsatz von taktischen Kernwaffen komme, »so trete man in das Endstadium ein. Das bedeute das Ende Europas, der Vereinigten Staaten und der Sowjetunion.« Man verfüge über genügend taktische und strategische Kernwaffen. Es müsse aber auch etwas vor deren Einsatz geben. Adenauer antwortete, er werde General Heusinger fragen, ob die Russen und deren »Hilfsvölker« in der vordersten Linie mit ganz kleinen nuklearen Waffen ausgerüstet seien. Es sei der Standpunkt der deutschen Militärs, dass man einem mit kleinen nuklearen Waffen ausgerüsteten Gegner keinen Widerstand leisten könne, wenn man diese Waffen nicht selbst habe. Man müsse sie selbst haben, damit der Gegner keinen Gebrauch von ihnen mache. Und dann erinnerte er an den deutsch-französischen Krieg von 1870/71, der durch das bessere deutsche Gewehr entschieden worden sei: »Die kleinen taktischen nuklearen Waffen spielen heute fast die Rolle des Gewehres von damals.«

Kennedy replizierte, wenn man erst einmal nukleare Waffen einsetze, so überschreite man eine wichtige Grenzlinie. Niemand wünsche das. Europa sei sehr verwundbar, die Vereinigten Staaten immer verwundbarer. Wenn es zu einem größeren Angriff komme, so müssten natürlich Kernwaffen eingesetzt werden. Aber: »Der Einsatz von Atomwaffen sei jedenfalls für Berlin nicht die Lösung.«

Adenauer ließ nicht locker. Die Frage müsse geklärt werden, ob die Truppen in vorderster Linie mit kleinen nuklearen Waffen so ausgestattet werden müssten, dass sie dem Gegner standhalten könnten. Er glaube im Übrigen nicht, »daß die Verwendung kleiner nuklearer Waffen zum nuklearen Krieg führen müsse«. Jedenfalls dürften die deutschen Truppen nicht das Gefühl haben, dass andere Truppen besser ausgerüstet seien als sie selbst. Kennedy machte jetzt das Zugeständnis, Verteidigungsminister McNamara zu veranlassen, mit Adenauer und

Mitgliedern der Bundesregierung zu erörtern, »unter welchen Bedingungen kleine taktische nukleare Waffen den deutschen Truppen gegeben werden könnten«. Adenauer ergänzte, es müsse geprüft werden, wie die Frage der taktischen nuklearen Waffen zu lösen sei.[18] Sie wurde gelöst, aber nicht im Sinne Adenauers: die Bundeswehr würde sie nie bekommen.

4. 1963: Der deutsch-französische Vertrag

Der junge Kennedy und der alte Adenauer kamen nicht wirklich gut miteinander aus. Zu Botschafter Hans Kroll meinte der Kanzler: »Trauen Sie den Amerikanern nicht; die bringen es fertig, sich auf unserem Rücken mit den Russen zu verständigen.«[19]

Adenauer wandte sich schließlich von Kennedy ab und Charles de Gaulle zu: Am 22. Januar 1963 wurde der deutsch-französische Vertrag unterzeichnet, für Acheson »einer der schwärzesten Tage der Nachkriegszeit«.[20] Washington fürchtete, dass man die Bundesrepublik, in die man soviel investiert hatte, durch das tête-à-tête zweier alter Männer verlieren würde.

Auch in den eigenen Reihen in Bonn gab es Kritik am Vertrag, die sich dann letztlich auf die Ratifizierung auswirkte. Der Bundestag stellte dem Vertrag nämlich am 16. Mai 1963 eine Präambel voran, die in direktem Gegensatz zu den Intentionen de Gaulles stand. Darin wurde festgelegt, dass die Bundesrepublik den Vertrag so anwenden werde, dass er der Erhaltung der atlantischen Partnerschaft und der NATO-Integration sowie der Einigung Europas unter Einbeziehung Großbritanniens diene. Genau das hatte de Gaulle zuvor öffentlich abgelehnt.[21]

5. 1963: »Ich bin ein Berliner!«

Kennedy hatte für das Frühjahr 1963 eine Europareise (Irland, Großbritannien, Italien) geplant. Am 18. Januar 1963 lud Adenauer ihn ein, dies mit einem Arbeitsbesuch in Bonn zu verbinden, der dann vom 23. bis 26. Juni stattfand.

Aus Washington kommend traf Kennedy am 23. Juni um 9:50 Uhr auf dem Flughafen Köln-Wahn ein, wo ihn Adenauer begrüßte. Der Besuch, so der Kanzler, sei eine »politische Tat«. Für den Zusammenhalt der Allianz hätte der amerikanische Präsident nichts Wirkungsvolleres tun können.

Kennedy verwies in seiner kurzen Antwortrede ebenfalls auf die Notwendigkeit des Zusammenhalts der Allianz und betonte dann, er sei nach Deutschland gekommen, »um die Wertschätzung des amerikanischen Volkes für das deutsche Volk zum Ausdruck zu bringen, die amerikanische Wertschätzung seines Fleißes, seiner Initiative, Kultur und Beherztheit«.

Anschließend ging es nach Köln, wo sich Kennedy in das Goldene Buch der Stadt eintrug und vor dem Rathaus eine kurze Ansprache hielt. Dem folgte eine Messe im Kölner Dom (der zweiten nach jener im August 1937). Anschließend ging es nach Bonn, wo es ebenfalls einen Eintrag ins Goldene Buch und eine Ansprache gab. Am Abend lud Adenauer im Palais Schaumburg zu einem Dinner zu Ehren Kennedys.

Am Montag, dem 24. Juni gab es um 9:50 Uhr ein erstes, streng geheimes Gespräch unter vier Augen. Adenauer sprach über die Haltung der Deutschen in Ost-Berlin und in »der Zone«. Man dürfe nicht vergessen, dass seit Kriegsende 18 Jahre vergangen und eine neue Generation nach vorn gekommen sei. Eine Folge davon sei, dass der innere Widerstandsgeist nicht mehr der gleiche sei wie früher. Deshalb sei es auch so gut, dass der Präsident nach Berlin gehe. Das Gleiche gelte für die »Zone«. Was die westlichen Länder angehe, so befürchte er, dass, mit Ausnahme der Vereinigten Staaten, die meisten den Blick nur auf die Vergangenheit oder nur in die Zukunft richteten und dabei die Gegenwart vernachlässigten und »diese ernste sowjetische Gefahr, die immer noch droht, aus den Augen verlieren«.

Dann ging er auf ein Thema ein, das ein Dauerproblem nicht nur für die westlichen Alliierten war: die Oder-Neiße-Linie. Er habe immer wieder gesagt, diese Frage müsse den Verhandlungen über einen Friedensvertrag vorbehalten bleiben. Es sei aber klar, dass Polen, »das am weitesten ostwärts gelegene Bollwerk westlicher Kultur, westlicher Zivilisation und westlichen Denkens« wiederhergestellt und stark sein müsse. Dies sei eine Notwendigkeit für Europa. »Man müsse deutscherseits, wenn dies notwendig werden sollte, hierfür auch Opfer bringen.« Als Kennedy fragte, ob dies die allgemeine deutsche Auffassung sei, antwortete Adenauer, »er hoffe dies«. Kennedy dachte an die anstehende Pressekonferenz und meinte, wenn er da nach der Oder-Neiße-Linie gefragt werden sollte, werde er sich darauf beschränken zu sagen, dass diese Frage Bestandteil der Verhandlungen über den Friedensvertrag sein müsse. Er konnte sich aber nicht verkneifen, an diesbezügliche Äußerungen von de Gaulle aus dem Jahre 1959 zu erinnern. Der hatte damals gesagt, die Wiedervereinigung sei »das normale Schicksal des deutschen Volkes, vorausgesetzt, daß es seine gegenwärtigen Grenzen im Westen, Osten, Norden und Süden nicht in Frage stellt«. Adenauer ging darauf ein und meinte, er habe später den General auf diese Äußerung angesprochen und ihn gebeten, etwas Derartiges nicht zu wiederholen. Er habe ihm dabei gesagt, der Grund dieser Bitte liege nicht darin, dass er es für falsch halte, wenn die Dinge den Verlauf nähmen, wie de Gaulle ihn angedeutet habe, »doch scheine es ihm abträglich für die gemeinsame Sache des Westens, wenn bereits heute derartige Erklärungen abgegeben würden«.

26. Juni 1963: US-Präsident John F. Kennedy in West-Berlin. Hier mit dem Regierenden Bürgermeister Willy Brandt und Bundeskanzler Konrad Adenauer auf der Fahrt zur Mauer.

Kennedy hatte noch ein anderes Problem. Was solle er, so fragte er den Bundeskanzler, auf seiner Pressekonferenz auf eine mögliche Frage nach der Wiedervereinigung sagen. Das führte fast zu einer Art Grundsatzerklärung von Adenauer, der betonte, er halte die Wiedervereinigung für »unerläßlich. Man dürfe nicht übersehen, daß fast die Hälfte des ehemaligen deutschen Gebiets nunmehr zum Osten gehöre, aber dort nur ein Drittel bis ein Viertel der gesamten deutschen Bevölkerung lebe. Die Bundesrepublik sei hingegen übervölkert, was durch den Zustrom von 10 Millionen Flüchtlingen und Vertriebenen zu erklären sei. Er wolle dabei nicht unerwähnt lassen, daß 2 Millionen deutscher Flüchtlinge auf der Flucht gestorben seien.«

Kennedy hatte die Querelen im Zusammenhang mit dem deutsch-französischen Vertrag nicht vergessen und bat Adenauer um eine Erklärung für de Gaulles Entscheidung, die französische Atlantikflotte dem NATO-Kommando zu entziehen. Adenauer hatte dafür auch keine Erklärung, meinte aber, er werde de Gaulle danach fragen, um dann ein Loblied auf die deutsch-französische Aussöhnung anzustimmen. Ohne die sei die Einigung Europas »nicht möglich«. Seine Sorge gelte der Zeit nach dem Abtreten de Gaulles, »weil man nicht wisse, was dann die Kommunisten vorhätten«. Er erinnerte dann an die »schrecklichen Dinge«, die der britische Oppositionsführer Harold Wilson bei seinem Besuch in Moskau wenige Tage zuvor zu Chruschtschow gesagt habe. (Dass nämlich die Labour Party »absolut dagegen sei, daß Deutschland direkt oder indirekt einen Finger am Atomdrücker hat«, und auf einer Pressekonferenz ergänzt hatte: »Die Perspektive, daß Westdeutschland Atommacht wird, lässt mir das Blut in den Adern gerinnen!«) Die Lage in Europa sei nicht allzu erfreulich, aber gleichzeitig forderte Adenauer den Präsidenten auf, »an Europa nicht zu verzweifeln. Es werde alles gut gehen. Es sei ein Segen für Europa und für den Frieden der Welt, daß die Beziehungen zwischen Frankreich und der Bundesrepublik und zwischen de Gaulle und ihm selbst so gut seien«, um dann gleich hinzuzufügen, er habe seine guten Beziehungen zu de Gaulle »nie dazu benutzt, irgendetwas gegen die Vereinigten Staaten zu tun«. Er wisse genau, »daß Europa, einschließlich Frankreich, ohne die Vereinigten Staaten von Amerika verloren wäre«.

Ganz überzeugt schien Kennedy von diesem Loblied auf de Gaulle nicht zu sein, als er abschließend meinte, die Vereinigten Staaten suchten ihren Ruhm im Kampf gegen den Kommunismus, Frankreich aber »scheine seinen Ruhm offensichtlich im

Kampf gegen die Vereinigten Staaten zu suchen«. Damit endete das Gespräch kurz nach 11:30 Uhr.

Am Nachmittag folgte die von Kennedy erwähnte Pressekonferenz und anschließend ein Empfang im Embassy-Club, wo der US-Präsident meinte, Adenauer sei bereits »zu einer historischen Gestalt geworden«. Ob der über diese Charakterisierung begeistert war, ist nicht bekannt. Als Kennedy dann aber sein Glas zum Wohl eines »großen Staatsmanns nicht nur Deutschlands, sondern des ganzen Westens« erhob, meinte Adenauer, er sei »sehr bewegt« durch das, was Kennedy gesagt habe.

Der hatte zuvor auch auf das verwiesen, was Adenauer ihm gesagt hatte: Die USA hätten in den späten 1940er Jahren Weitblick gehabt. Kennedy jetzt: Adenauer und seine, Kennedys, Vorgänger hätten die wirklich grundlegenden und wichtigen historischen Entscheidungen getroffen.

Was Adenauer in seiner ersten Regierungserklärung 1949 gesagt hatte, wiederholte er jetzt sinngemäß, dass Männer wie Acheson und Truman, Dulles und Eisenhower dem deutschen Volk, das völlig am Boden lag, geholfen hätten: »Daß damals die Vereinigten Staaten diese Größe, nicht nur Klugheit, sondern diese innere Größe gezeigt haben, dem Gegner, der am Boden lag, zu helfen – das ist in Wahrheit meine Meinung seit vielen Jahren , das war eine Tat, wie sie in der Menschheitsgeschichte nur sehr selten zu verzeichnen war.«[22]

Am nächsten Tag besuchte Kennedy US-Soldaten in der Kaserne in Hanau. Von da ging es nach Frankfurt am Main; auch dort trug er sich in das Goldene Buch der Stadt ein. Anschließend hielt er vor etwa 1000 Gästen eine Rede in der Paulskirche, aus der ein Satz besonders hervorstach, nämlich: »Amerika setzt seine Städte aufs Spiel, um Ihre Städte zu verteidigen, weil wir Ihrer Freiheit bedürfen, um unsere Freiheit schützen zu können.« Am Abend gab der hessische Ministerpräsident Georg August Zinn einen Empfang. Am nächsten Tag ging es mit der *Air Force One* nach Berlin, wo Kennedy um 9:45 Uhr in Tegel landete. Um 11:10 Uhr hielt er vor dem 6. Kongress der Gewerkschaft »IG Bau Steine Erden« eine Rede in der Kongresshalle. Anschließend ging es zur Besichtigung der Mauer am Brandenburger Tor und dem Checkpoint Charlie, um 12:50 Uhr schließlich zum Schöneberger Rathaus, wo Kennedy eine öffentliche Rede halten wollte.

Unvergessen sind jene Bilder der etwa 400 000 jubelnden (West-)Berliner vor dem Rathaus. Noch in Washington hatte Robert Kennedy seinen Bruder gedrängt, in Berlin etwas auf Deutsch zu sagen. Dabei hatte er offensichtlich an de Gaulles in deutscher Sprache gehaltene Rede auf dem Bonner Marktplatz im September 1962 gedacht. Auf dem Flug von Wiesbaden nach Berlin übte Kennedy, unmittelbar vor der Rede dann noch mit dem Journalisten und Dolmetscher Robert H. Lochner im Amtszimmer von Willy Brandt. Vor dem Schöneberger Rathaus erklärte er dann (auf Englisch): »Alle freien Menschen, wo immer sie leben mögen, sind Bürger Berlins, und deshalb bin ich als freier Mann stolz darauf, sagen zu können« – und dann kam jener Satz auf Deutsch, der wohl immer mit Kennedy verbunden bleibt: »Ich bin ein Berliner!«

Kennedys Rede war ungewöhnlich emotional, und die Reaktion der Zuhörer rief bei Kennedy und dessen Begleitern Erinnerungen an die Nazi-Veranstaltung nach dem militärischen Sieg über Frankreich 1940 wach. Sie war so extrem, dass Adenauer zu Rusk meinte: »Bedeutet das, daß Deutschland eines Tages wieder einen Hitler haben kann?« Auch Kennedy war etwas besorgt. Zu seinem militärischen Begleiter, General Godfrey McHugh, meinte er: »Wenn ich denen sagen würde, sie sollen die Mauer niederreißen, dann tun die das.«[23] An anderer Stelle soll er gesagt haben, jetzt verstehe er Hitler besser.

Der Satz »Ich bin ein Berliner!« hatte zum einen hohe Symbolkraft für die deutsch-amerikanische Freundschaft und die damit verbundene Entschlossenheit der USA, die Freiheit West-Berlins zu sichern. Zum anderen war für jeden sichtbar geworden, was Außenminister Dean Rusk gegenüber seinem sowjetischen Kollegen Andrej Gromyko wenig später in New York unmissverständlich so formulierte: Berlin sei »Staatsinteresse der USA«. Und das wiederum bedeutete, es würde keine Berlinkrise mehr geben. Es gab auch keine mehr.

Eine Woche später war de Gaulle in Bonn. Ein Thema der Gespräche war der Besuch Kennedys in Deutschland. Der, so Adenauer, habe offensichtlich bei seiner Ankunft eine Einstellung mitgebracht, »die in gewissem Sinne gegen Deutschland und vielleicht auch gegen Europa gerichtet gewesen sei«. Der Empfang durch die Bevölkerung und die Arbeitsgespräche, insbesondere aber das, was Kennedy am Checkpoint Charlie gesehen habe, hätten den Präsidenten außerordentlich beeindruckt. Seine Rede hätte er da sozusagen »eine Oktave höher gehalten, als wohl ursprünglich beabsichtigt gewesen sei«. Dann ging Adenauer auf einen Satz ein, der am bezeichnendsten von allem sei. Kennedy habe ihm nämlich gesagt: wenn man in Amerika und in Washington sei, so werde einem vorgetragen und viel vorgelegt, was darauf hinweise, dass alles in Europa und ganz besonders in Deutschland schlecht stehe. Wenn man aber nach Deutschland komme, erhalte man einen ganz anderen Eindruck. Die Berliner Eindrücke und insbesondere die Mauer hätten dazu geführt, so Adenauer, dass Kennedy so scharf gegen den Kommunismus gesprochen habe, wie es wohl nicht vorgesehen gewesen sei.

In den Gesprächen mit Kennedy sei immer wieder die eine Frage wiederholt worden, nämlich: »Was in Europa los sei«. Immerhin gestand Adenauer Kennedy zu, dass er den Satz, Amerika sei notfalls bereit, amerikanische Städte zu opfern, um Europas Freiheit zu retten, ernst gemeint habe. Diese Aussage sei ihm in Amerika allerdings übel genommen worden, wie ja ohnehin ein Teil der amerikanischen Presse seine Europareise kritisiert habe. Kennedy habe diesen Satz gesagt, um die Sorge der Europäer zu zerstreuen, dass die Amerikaner im entscheidenden Augenblick vielleicht nicht so fest zum Bündnis stehen könnten wie die Europäer.

Adenauer konnte sich allerdings nicht verkneifen festzustellen, dass Kennedy im Gegensatz zu Eisenhower in erster Linie ein Parteipolitiker sei. Er habe die Paulskirche in Frankfurt für seine Rede ausgewählt, um bei den bevorstehenden Präsidentschaftswahlen die Stimmen der Deutsch-Amerikaner zu bekommen. In Berlin habe er den Gewerkschaftskongress besucht, um die Gewerkschaftsstimmen zu erhalten, und wahrscheinlich sei derselbe Grund auch für seine Reise nach Irland ausschlaggebend gewesen, die Kennedy von Berlin aus antrat. Alles in allem aber, selbst bei kritischer Betrachtung im Abstand von einer Woche, könne man sagen, der Besuch sei »gut und, abgesehen von den Wahlüberlegungen, von der Absicht getragen gewesen, mit Europa in Kontakt zu kommen«. Dies habe Kennedy für notwendig gehalten, »weil Europa heute so unsicher sei«.[24]

Nach der Veranstaltung in Berlin hatte Kennedy zu Adenauer gesagt, er würde seinem Nachfolger einen versiegelten Briefumschlag hinterlegen, was der tun solle, wenn die Lage besonders schlecht sei. Darin würden nur drei Wörter stehen, nämlich »Go to Germany«. Zu seinem engen Vertrauten Theodore Sorensen hatte Kennedy auf dem Flug nach Irland gesagt: »So etwas wie hier werden wir nie mehr erleben, solange wir leben.«

Unmittelbar nach seiner Rückkehr aus Europa klagte Kennedy allerdings: »Was sollen wir denn noch tun, um den Deutschen klarzumachen, daß wir uns um sie kümmern?«

Fünf Monate später, am 22. November 1963, wurde John F. Kennedy in Dallas, Texas, ermordet und Vizepräsident Lyndon B. Johnson noch im Flugzeug als 36. Präsident der USA vereidigt.[25]

III. 1963–1966: LUDWIG ERHARD UND LYNDON B. JOHNSON

1. Lyndon B. Johnson

Lyndon B. Johnson wurde am 27. August 1908 in Stonewall, Texas, geboren. Er stammte aus sehr bescheidenen Verhältnissen – sein Vater war Farmer –, und so besuchte er 1927 für drei Jahre nur ein Lehrerkolleg, aber niemals eine Universität, geschweige denn so etwas wie Harvard oder Yale, was ihn ein Leben lang verfolgte. 1931 begann seine politische Karriere, zunächst als Assistent eines demokratischen Kongressabgeordneten. 1934 ernannte ihn Franklin D. Roosevelt im Rahmen seines New Deal-Programms zum Direktor der entsprechenden Jugendorganisation in Texas, 1937 wurde er ins Repräsentantenhaus in Washington gewählt. Nach dem japanischen Angriff auf Pearl Harbor am 7. Dezember 1941 war er der erste Abgeordnete, der sich freiwillig für die Armee meldete. Er begann dort seinen Dienst am 9. Dezember 1941. 1948 wurde er in den Senat gewählt, wo er 1951 Führer der Mehrheitspartei wurde. In den folgenden Jahren entwickelte er sich zu einem Politprofi, der alle politischen Tricks in Washington kannte. Kennedy wählte ihn zu seinem *running mate* im Präsidentenwahlkampf 1960, in der Absicht, so die Stimmen der Südstaaten zu gewinnen.

In vielen Anekdoten wird Johnson als eine Art texanischer »Hinterwäldler« charakterisiert; es gibt zahllose Geschichten über ihn. Im August 1961 wurde er nach dem Bau der Mauer von Kennedy nach Berlin geschickt, um das verloren gegangene Vertrauen in die Festigkeit der USA zurückzugewinnen, was ihm auch gelang. Erstaunt waren die Deutschen, als er im Hilton-Hotel zum Entsetzen mancher Gäste Brathähnchen wie in

Texas nach Südstaatenart mit den Fingern aß. Wo auch immer er im Ausland war, versuchte er, Souvenirs zu erwerben. In Berlin wollte er sofort hellblaues Porzellan kaufen. Das Geschäft der Staatlichen Porzellanmanufaktur war aber geschlossen, weil Sonntag war, worauf Willy Brandt höflich hinwies. Für Johnson war das nicht nachvollziehbar, wie seine unvergessliche Antwort deutlich machte: »Was taugen Sie eigentlich als Bürgermeister dieser Stadt, wenn Sie nicht für den Vizepräsidenten der Vereinigten Staaten einen Laden öffnen lassen können!« Daraufhin wurde der Laden geöffnet, und nach der Stadtrundfahrt ging es zur Königlichen Porzellanmanufaktur, wo sich Johnson ein ganzes Service als Geschenk der Stadt Berlin aussuchte. Auch seine »Schuhforderung« ist unvergessen. Johnson befahl einem Mitglied seines Stabes, ihm die gleichen Schuhe zu besorgen, die er an Willy Brandt bewundert hatte. Daraufhin schickte die Firma Leiser ein ganzes Sortiment in die Berliner Residenz des amerikanischen Botschafters, wo Johnson übernachtete. Dort traf er dann in aller Ruhe seine Wahl.[1]

Eine ähnliche Geschichte wird aus dem Jahre 1967 erzählt, als er anlässlich der Beerdigung von Konrad Adenauer drei Tage in Bonn war. Dort wollte er für seine Freunde in Texas echte deutsche Kunst mitbringen. Die Botschaftsangehörigen fanden auch etwas, aber das war nicht nach Johnsons Geschmack. Er wollte Bilder haben, auf denen Bauern mit Pfeifen abgebildet wurden, Leute in Lederhosen und Frauen in Trachtenanzügen. »Echter Schrott«, wie ein Botschaftsangehöriger später erzählte. Johnson wollte aber auch noch, dass auf der Rückseite Kurzbiografien der Künstler standen. Die wurden dann von den Botschaftsangehörigen erfunden und Johnson war »glücklich wie noch nie«.[2]

Der damalige US-Botschafter in Bonn, George McGhee, und dessen Stellvertreter, Martin Hillenbrand, erzählen folgende Geschichte: Während der Tage in Bonn logierte Johnson im Haus Hillenbrands. Ein Mitglied des »Vorauskommandos« setzte durch, dass »während der ganzen Zeit des Präsidentenbesuchs das Badezimmer von Wand zu Wand mit Teppichen ausgelegt und alle Bücherregale mit Vorhängen versehen waren«. Begründung: »Der Präsident haßt es, Bücher um sich zu sehen.«[3]

Eine andere Anekdote: Als Johnson nach einem Besuch in Asien zurückkam, erzählte er Reportern im Flugzeug: »Ich verstehe die Ausländer nicht. Sie unterscheiden sich von uns.«[4]

Ob dies alles so stimmt, ist eine andere Frage, aber es zeigt doch den Menschen Johnson. Er liebte es auch, Gäste auf seiner Ranch zu erschrecken, wenn er mit 130 Stundenkilometern durch die Gegend fuhr und dabei Whiskey trank, oder wenn er mit seinem Amphibienauto auf einen See zufuhr und vorgab, die Bremsen würden versagen.[5]

Johnson war eine dominierende Persönlichkeit, ein Workaholic, der immer die Nummer 1 sein musste. Und er war jemand, was oft vergessen wird, der höchstes Ansehen in der amerikanischen Bevölkerung genoss – im Durchschnitt 56 Prozent Zustimmung. 1965 hatte er eine Zustimmungsrate von 73 Prozent, 1968 war er der beliebteste amerikanische Präsident nach Eisenhower. Das war offensichtlich das Ergebnis seiner Innenpolitik, die er grundlegend veränderte. Sein Ziel war die sogenannte *Great Society*: sein Krieg gegen Armut und der Kampf um Bürgerrechte. Was Kennedy angestoßen hatte, vollendete er.

Über Johnson liegt allerdings der Schatten von Vietnam. Die »Hure Vietnamkrieg«, wie er den Krieg einmal nannte, zerstörte seine Präsidentschaft, ein Krieg, der, wie er intern gesagt hatte, nicht das Leben eines einzigen amerikanischen Soldaten wert war. In den Umfragen stürzte er nach seiner Präsidentschaft gnadenlos ab. 1988 hielten ihn nur noch sechs Prozent der Befragten für einen großen innenpolitischen Führer. Bei der Kategorie Glaubwürdigkeit erhielt er sogar nur ein Prozent, während selbst Nixon immerhin zwei Prozent erreichte. Durch die ständigen Hinweise auf den bevorstehenden Sieg in Vietnam hatte er das Vertrauen der Bevölkerung und seine Glaubwürdigkeit vollkommen verloren.

Johnson starb am 22. Januar 1973 auf seiner Ranch in Texas. Er war nur 64 Jahre alt geworden. Am nächsten Tag paraphierten Henry Kissinger, der Nationale Sicherheitsberater von Präsident Nixon, und sein nordvietnamesischer Gegenüber Le Duc Tho in Paris das sogenannte Friedensabkommen.[6]

Johnson besuchte Deutschland zum ersten Mal im Mai 1945 als Vorsitzender einer Sonderkommission des Kongresses, die vom 14. Mai bis 12. Juni die Marineanlagen in Großbritannien, im übrigen Europa und Nordafrika untersuchen sollte. Im Abschlussbericht wird u. a. das Ausmaß der Zerstörung der deutschen Städte eindrucksvoll beschrieben. Johnson zeigte sich darin begeistert über die Treffsicherheit der amerikanischen Bomberpiloten, die bei ihren Angriffen auf Köln den Kölner Dom ausgespart hätten.[7]

Der zweite Besuch fand dann im August 1961 als Vizepräsident statt, der dritte im April 1967 als Präsident anlässlich der Beerdigung Konrad Adenauers. Johnson war Realpolitiker – und so sah er auch sein Verhältnis zu den Deutschen. Seine Großmutter war die Tochter deutscher Einwanderer und er pflegte daher zu sagen: »Ich kenne meine Deutschen.« Er bewunderte sie als ein fleißiges, talentiertes Volk mit gefährlichen Neigungen. Als er sich einmal an einen deutschstämmigen Farmer erinnerte, der sich in seiner Scheune erhängt hatte, meinte er zu seinem Sicherheitsberater Walt Rostow: »Falls man die Deutschen sich selbst überläßt, machen sie etwas Verrücktes.« Von daher war Johnson entschlossen, wie er meinte, »die Deutschen an meiner Seite zu halten, wo ich mich auf sie verlassen und wo ich sie im Auge behalten kann«. Mit Blick auf die wechselvolle deutsche Geschichte stellte er klar: »Das alles Entscheidende für mich ist sicherzustellen, daß uns die Deutschen nicht in einen Dritten Weltkrieg hineinzerren.« Das war aus seiner Sicht der Sinn der westlichen Allianz. Sollte diese scheitern, dann, so befürchtete Johnson, würde es möglicherweise einen neuen Hitler geben.[8] Andererseits war Deutschland die entscheidende Macht in Westeuropa und der Zusammenhalt der Allianz entscheidend für die USA als Weltmacht. In einer Sitzung des Nationalen Sicherheitsrates im Dezember 1966 machte Vizepräsident Hubert H. Humphrey deutlich, was ein Auseinanderfallen der Allianz für die USA bedeuten würde: »Dann würden wir alle Karten in der Auseinandersetzung mit den Russen verlieren.«[9]

Für Johnson waren die Deutschen gleichzeitig nützlich und gefährlich. Den britischen Premierminister Harold Wilson erinnerte er an einer Stelle daran, dass sie Raketen gebaut hätten, was beweise, »sie haben Verstand«; und sie hätten den Briten Kredite gewährt, was beweise, »sie haben Geld«. Alles, was die Deutschen jetzt noch brauchten, um Atomwaffen zu bauen oder sich vom Westen loszusagen, sei der entsprechende Wille dazu, »und das ist es, was wir verhindern müssen«.[10]

In privater Runde hatte er einmal gesagt, wie man die Deutschen behandeln müsse, nämlich: »Man muß sie ständig auf den Kopf tätscheln und ab und zu in die E… treten.«[11] Den Kanzlern, mit denen er es in seiner Amtszeit zu tun hatte – Ludwig Erhard und Kurt Georg Kiesinger –, wurde er dagegen nicht müde, immer wieder zu versichern, dass Deutsche und Amerikaner »Brüder« seien.[12]

2. Ludwig Erhard

Am 16. Oktober 1963 wählte der Bundestag Wirtschaftsminister Ludwig Erhard mit 279 gegen 180 Stimmen der SPD und bei 24 Enthaltungen zum neuen Bundeskanzler. Erhard war zu diesem Zeitpunkt 66 Jahre alt. Vergeblich hatte sich Konrad Adenauer gegen ihn als seinen Nachfolger gestellt, so etwa noch in der entscheidenden Fraktionssitzung im April. Da hatte er argumentiert, der Bundeskanzler müsse Politiker sein, »und meine Damen und Herren, nun bleibe ich dabei, es kann jemand der beste aller Wirtschaftsminister sein, ohne daß er deswegen für die politischen Fragen dasselbe Verständnis aufbringt (Unruhe)«.

Und schließlich: »Ich spreche nicht gern aus, daß ich einen Mann, mit dem ich selbst seit 14 Jahren zusammengearbeitet habe und der Hervorragendes geleistet hat, nun für einen anderen Posten, den er haben möchte, nicht für geeignet halte (starke Unruhe). Deswegen darf ich doch meine Meinung aussprechen! Ich habe nur eine Stimme, Sie mögen das entscheiden, das ist Ihr Recht und Ihre Pflicht.«[13]

Schon bald sollte sich zeigen, dass Adenauer Erhard richtig eingeschätzt hatte. Erhard war zwar populär, galt als die Verkörperung des Wirtschaftswunders, aber er war kein Politiker, geschweige Parteipolitiker und sah sich als das, was er immer sein wollte: als ein Volkskanzler, ein Kanzler des ganzen deutschen Volkes, eher Philosoph als Machtpolitiker. Macht, wie er einmal gesagt hatte, erschien ihm »immer öde«, gefährlich, brutal und »im letzten Sinne sogar dumm«. Aber er hatte sie angestrebt und besaß sie jetzt – und verlor sie bald wieder.

Nach Einschätzung von Bundesminister Heinrich Krone ließ er »alles an sich herankommen, plätschert wie ein unwissender Junge in der Politik herum«, wie er seinem Tagebuch im März 1965 anvertraute.[14] Und an anderer Stelle: »Wehe dem Volke, dessen Herrscher – ein guter Mensch ist. Ich könnte es auch deutlicher sagen. Zur Politik gehört mehr.«[15]

Erhard war dem Amt des Kanzlers schlicht und einfach nicht gewachsen. Er las keine Akten, war wochenlang vom Geschehen in Bonn entfernt am Tegernsee, blieb der ewig unentschlossene »Gummi-Erhard«, der nicht in die parteipolitische Intrigenlandschaft der Bundeshauptstadt passte. In der Außen- und Sicherheitspolitik setzte er alle seine Karten auf die USA und die aus seiner Sicht persönliche Freundschaft mit Präsident Johnson. Der »Männerfreundschaft« zwischen Adenauer und de Gaulle konnte er genauso wenig abgewinnen wie dem notorischen Misstrauen Adenauers gegenüber den USA und de Gaulles antiamerikanischer Europavision. Für ihn standen die USA an erster Stelle. Schon beim ersten Treffen mit de Gaulle am 21. November machte er klar, was Deutschland an Amerika binde, nämlich »daß in der heutigen Welt Deutschland nur durch die volle nukleare Macht Amerikas geschützt werden könne. Darauf müsse sich Deutschland verlassen können, und es verlasse sich darauf.« Zweifel de Gaulles an der Bündnistreue der USA wischte er mit dem Argument vom Tisch, »es gebe eben Dinge, die man rational nicht mehr erklären könne, die ein Glaubensbekenntnis seien, und so sei das deutsche Vertrauen auf Amerika zu verstehen«. De Gaulle machte Frankreichs Position mehr als deutlich: »Man sei eben nicht sicher, daß Amerika sofort nuklear eingreifen werde. Daher sei Frankreich gezwungen, nukleare Waffen selbst zu bauen. So einfach sei das.«[16]

Mit Johnson verstand sich Erhard sofort. Der wiederum betonte gleich beim ersten Zusammentreffen am 26. November anlässlich der Beerdigung John F. Kennedys in Washington, dass seine Mutter deutscher Abstammung sei und aus einer 1848er-Familie komme, »die aus Deutschland ausgewandert ist«. Außerdem komme er, Johnson, aus einem Staat, Texas, »in dem die Deutschstämmigen eine große Rolle spielen«. Es war dies eine, wie Außenminister Gerhard Schröder notierte, »erste freundschaftliche Kontaktaufnahme«.[17]

3. Ludwig Erhard zu Besuch in Texas

Die wurde dann beim ersten offiziellen Besuch Erhards bei Johnson auf dessen Ranch in Stonewall, Texas, am 28. und 29. Dezember 1963 vertieft. Johnson nannte da den Bundeskanzler einen »sehr mächtigen europäischen Staatsmann«, den »Verantwortlichen der mächtigsten Nation Europas«. Nun ergebe sich eine gute Gelegenheit zu zeigen, dass »die beiden Staaten entschlossen sind, Seite an Seite zu stehen«. Erhard müsse wissen, dass er, Johnson, »ihm vertraue, an ihn glaube, das deutsche Volk gerne habe und den Rat und das Urteil« des Kanzlers wünsche.

Das wichtigste Ergebnis der Gespräche war die amerikanische Zusage, sechs Divisionen in Deutschland zu lassen und – nach Erhards Zusage – die Dollarausgaben durch bundesdeutsche Waffenkäufe, die sog. Devisenausgleichszahlungen, auszugleichen. Und dann kam beim Barbecue die überschwängliche Äußerung Johnsons: »Deutsche und Amerikaner sind Brüder«.[18] Für Johnson war es »ein gutes Treffen« und Erhard ein *pretty good fellow*, wie er am 1. Januar 1964 Jacqueline Kennedy am Telefon versicherte.[19] In einem Runderlass von Staatssekretär Carstens in Bonn hieß es, zwischen Bundeskanzler und Präsident habe sich ein »enges persönliches Verhältnis« gebildet, das »in Zukunft wahrscheinlich ein starker Faktor in den deutsch-amerikanischen Beziehungen sein wird«.[20]

Der wie immer skeptische Heinrich Krone sah das kritischer und schrieb am selben Tag in sein Tagebuch: »Erhard kam aus Texas zurück. Freude stand, und jedermann sah es,

28. Dezember 1963: Antrittsbesuch von Bundeskanzler Ludwig Erhard bei US-Präsident Lyndon B. Johnson. Hier die Begrüßung auf dem Flughafen von Austin in Texas. Anschließend geht es mit dem Hubschrauber zu Johnsons Ranch.

in seinem Gesicht. Johnson hat ihn einen großen Staatsmann genannt und Erhard den anderen einen Freund. Das alles ging sehr schnell, und beide sind zufrieden. Für den einen ist das auch und gerade auch Taktik. Der Wahlen im nächsten Jahr wegen, und Erhard ist ein Mann ohne Arg. Es gab Texashüte und deutsche Gedichte, in der Kirche wurde auch deutsch gepredigt und Weihnachtslieder der Heimat gesungen, und die vielen Einwanderer aus Deutschland waren dabei. […] Überhaupt diese Nettigkeiten. […] An alles war gedacht. […] Der

Alte [Adenauer], der vordem auf Erhards Stuhl im Kanzleramt saß, hätte sich mißtrauisch gefragt, was wollen die Amerikaner, wenn sie mich schon jetzt einen Staatsmann nennen. […] Erhard wird auch noch erfahren, daß in dieser Welt nichts beständig ist.«[21]

Genauso sollte es kommen. Bei Erhards drittem Besuch in den USA Anfang Juni 1965 informierte Verteidigungsminister McNamara den deutschen Kanzler über die aktuelle Lage in Vietnam. Weder Nordvietnam noch China hätten bisher die Bereitschaft zu Gesprächen gezeigt. Man werde deshalb den Druck auf Nordvietnam weiter fortsetzen und Südvietnam weiter unterstützen, so dass die Vietcong »erkennen, daß sie keine Aussicht zum Sieg haben«.[22] Im State Department meinte Außenminister Rusk, die Regierung habe sich »mit allen Mitteln um eine politische Lösung der Südvietnam-Frage bemüht«.

Hier äußerte sich Erhard zum ersten Mal zum Vietnamkrieg. Man wisse zwar nicht alle Einzelheiten, aber die generelle Haltung sei klar: »Das deutsche Volk spürt, daß die USA zu ihrem Wort stehen. Insoweit besteht auch eine unmittelbare Beziehung zu den Fragen der Wiedervereinigung und Berlins. In Deutschland werden die USA als ein Verbündeter betrachtet, auf den man sich verlassen kann.«

Und dann ging er noch einen Schritt weiter und meinte, wenn die Amerikaner in Südvietnam anders handeln würden, als sie es täten, würde in Deutschland das Vertrauen schwinden. »Wir sehen in ihrer Haltung auch eine Gewähr für unser eigenes Schicksal.«[23] Ende Juli meinte er zu Averell Harriman, auch wenn Vietnam geografisch weit entfernt sei, so liege das Problem als solches in Wirklichkeit doch vor der eigenen Tür. Zuviel stehe dort auf dem Spiel, was auch Deutschland unmittelbar betreffe: »Es geht um eine Auseinandersetzung zwischen Freiheit und Tyrannei: Das fühlt man auch in Deutschland.«[24]

4. 1965: Ein »*Johnson Treatment*« für Ludwig Erhard

Erhards vierter Besuch am 20. und 21. Dezember 1965 sollte in die Geschichte der deutsch-amerikanischen Beziehungen eingehen – und das aus einem ganz bestimmten Grund.

Erhard traf Johnson am 20. Dezember um 11:40 Uhr im Weißen Haus zu einem Gespräch unter vier Augen. Die gegenseitigen Freundschaftsbekundungen waren kaum zu überbieten. Johnson beteuerte gleich zu Beginn, er habe bislang keinen Besucher gehabt, der ihm »so lieb sei und den er so gerne gesehen habe«. Erhard meinte, die Deutschen würden ihre Grenzen kennen und sich sicher nicht überschätzen, glaubten aber doch, »ein guter, treuer und starker Verbündeter der Vereinigten Staaten zu sein«. Johnson betonte dann, solange beide im Amt seien, müsse der Kanzler mit den Ansichten, Hoffnungen und Erwartungen des Präsidenten vertraut sein. Von daher wolle er sagen, dass im Jahr 1966 der Bundeskanzler »an der Planung, am Start und an der Landung immer beteiligt sein werde«. Erhard betonte noch einmal die absolute Verlässlichkeit der Deutschen und versicherte Johnson, dass dieser ihm voll vertrauen könne. Dieses Vertrauen sei ein wesentliches Element innerhalb der NATO, für die die Freundschaft zwischen den Vereinigten Staaten und Deutschland ein Grundpfeiler sei. Die ernste Situation in Vietnam sei, so Johnson, gegenwärtig die Aufgabe Nummer 1, die es zu lösen gelte und die nicht leicht sei. Zum anderen sei die Zahlungsbilanz gefährdet. Aber man wisse, wer die wahren Verbündeten seien.

Am Abend geschah es dann. Johnson gab ein Galadinner zu Ehren des Kanzlers im Weißen Haus. Für Horst Osterheld, Leiter des Außenpolitischen Büros im Kanzleramt, war Johnson der dritte Präsident, den er in so festlichem Rahmen erlebte, »und diese Rahmen unterschieden sich auf spürbare Weise«, wie er später schrieb. Und zwar folgendermaßen: »Bei Eisenhower mit vornehmen Protokoll. Bei Kennedy mit ans Showgeschäft grenzender brillanter Eleganz. Bei Johnson nun: eine gemischtere Gesellschaft , lauter, auch sentimentaler; aber die fast überbordende Vitalität hatte auch Anziehendes. Die Tischreden waren herzlich, fast überschwänglich, und mit diesem Eindruck verließen die meisten Gäste das Weiße Haus.«[25]

Bei der Tischrede hatte Erhard Vietnam erwähnt und bezüglich der deutschen Leistungen gesagt, er sei »fast beschämt, weil ich spüre, daß es gemessen an dem, was Sie zu leisten, aufzubringen und zu dulden haben, nur außergewöhnlich bescheiden ist«.[26] Die First Lady, Lady Bird Johnson, schrieb in ihr Tagebuch: »Ich bin sicher, bevor Erhard die Stadt verlässt, wird ihm Lyndon in aller Deutlichkeit klarmachen, wieviel mehr die Deutschen beitragen können.«[27]

Genauso kam es. Osterheld schreibt, für den Kanzler habe sich die Atmosphäre radikal geändert. Johnson nahm ihn nach dem Abendessen mit hinauf in ein anderes Zimmer im Weißen Haus. Mit dabei waren Unterstaatssekretär George Ball, Botschafter McGhee, der deutsche Dolmetscher Heinz Weber und Staatssekretär Carstens. Was dann geschah, nannte man in Washington *Johnson Treatment*. Der Biograf Erhards, Volker Hentschel, hat detailliert geschildert, wie das ablief: »Johnson kam flott zur Sache. Amerika garantiere Europas Sicherheit und kämpfe in Südvietnam für die Freiheit. Niemand danke ihm das so, wie es sich gehöre. Die Stationierung der Truppen in Deutschland und der Krieg in Vietnam kosteten viel und immer mehr Geld und belasteten die amerikanische Zahlungsbilanz. Die Bundesrepublik reduziere ihren Verteidigungshaushalt und wolle den vollen Devisenausgleich nicht leisten. Er erwarte, dass noch vor Jahresende 100 Millionen Dollar überwiesen würden. Außerdem wünsche er, dass die Bundesrepublik eine Sanitätskompanie und ein Pionierbataillon nach Vietnam entsende. […] Der Präsident reckte sich zu seiner vollen Höhe und trat bedrohlich an Erhard heran. Die ohnehin kräftige Stimme wurde noch kräftiger. Ein verbaler Sturzbach. Larmoyanz im Wechsel mit Drohungen, Drohungen im Wechsel mit Schmeicheleien ergossen sich über den unbehaglich in seinen Stuhl gedrückten Kanzler. Johnson gestikulierte heftig. Erhard möge Haushaltsschwierigkeiten haben, gegen seine Schwierigkeiten seien sie eine Lappalie. Er brauche Hilfe, schnelle Hilfe, konkrete Hilfe. Wer denn, wenn nicht Deutschland solle sie leisten? Für wen denn habe Amerika mehr getan als für Deutschland? Johnson zählte es im Einzelnen auf. Jetzt sei es Zeit, sich zu revanchieren. Jetzt zeige sich, wer Amerikas wahre Freunde seien.«[28]

Erhard war geradezu schockiert, wies darauf hin, dass er das Datum und die Höhe einer Zahlung nicht festlegen könne, da er keine Versprechungen abgeben wolle, die nachher nicht eingehalten werden könnten. Er wäre aber ein Scharlatan, wenn er wegen der Zahlungen einen bestimmten Termin versprechen würde. In dem Budget, das er aber aufstellen müsse, sei kein Pfennig mehr manipulierbar.

Erhard fuhr danach – gleichsam unter Schock – ins Gästehaus der amerikanischen Regierung ins Blair House zurück, wo ihn die deutsche Delegation »wortkarg und gedrückt« erlebte, wie Osterheld berichtet. Erhard zog sich bald zurück, »wir diskutierten aber dann bis in die späte Nacht, wie wir halbwegs glimpflich aus dieser vertrackten Situation herauskommen könnten«.[29]

McGhee beschreibt in seinen Erinnerungen diese denkwürdige Szene. Seiner Meinung nach hatte Johnson »den Bogen weit überspannt. Erhard wurde offensichtlich immer mehr von Unbehagen, ja von Entsetzen ergriffen. Wie mußte er gegenüber diesem Mann empfinden, der knapp zwei Jahre zuvor, als er ihn auf seiner Ranch besuchte, noch um seine Freundschaft geworben hatte!«[30]

5. Erhards letzter Besuch bei Johnson

Die Stimmung blieb auch im Vorfeld des für September 1966 angesetzten nächsten Besuches von Erhard in Washington denkbar schlecht. Das wurde auch in einer Analyse des Gesandten Martin Hillenbrand an der US-Botschaft in Bonn über den Zustand der deutsch-amerikanischen Beziehungen deutlich, die er am 17. August nach Washington schickte, nachdem auch Botschafter McGhee ihr zugestimmt hatte. Er bezeichnete diese Beziehungen als »eindeutig schlecht«, die gegenwärtige Krise sei größer als alle bisherigen. In der Bundesrepublik gebe es eine unterschwellige Sorge mit Blick auf die USA und ein nachlassendes Vertrauen, was die USA in Europa eigentlich wollten. Hinzu komme das Gefühl, dass sich die Deutschen als Opfer fühlten und von den Amerikanern in einer Weise behandelt würden, die mit ihrer Rolle als treuer Verbündeter unvereinbar sei. Wenn es um Deutschlands gegenwärtige internationale Situation gehe, so höre man ständig das Wort »Prügelknabe« [so im Original]. Die Deutschen seien der Meinung, sie würden die USA mehr als alle anderen Länder in ihrer Vietnampolitik unterstützen, dennoch würde man sie kritisieren. Sie befürchteten außerdem, dass ihre Sicherheit durch den Abzug amerikanischer Truppen gefährdet werde, »und sind nur noch mehr verwirrt, wenn es am nächsten Tag heißt, das seien alles nur Horrormeldungen der amerikanischen Presse«. Kanzler Erhard fühle sich geradezu benutzt und sei über die amerikanische Politik sehr enttäuscht. Von einigen seiner Mitarbeiter höre man, dass sie sich ganz offen antiamerikanisch geäußert hätten. Der Kanzler werde als Handlanger der USA bezeichnet, der nicht nur nichts für Deutschland erreicht habe, sondern dessen eigene politische Position auch noch durch amerikanische Drohungen und Handlungen unterminiert worden sei. Daraus folgte die Empfehlung: »Wir müssen alles tun, um zu verhindern, daß er als ein Lakai der USA dargestellt wird.«[31]

Johnson hatte verstanden. Am 25. August schrieb er an Erhard: »Herr Bundeskanzler, lassen Sie mich zum Schluß sagen, daß ich oft an Sie denke. Ihre Freundschaft ist für mich eine Quelle der Stärke und des Trostes in diesen schwierigen Zeiten.«[32] In einem Telefonat mit Senator Russell Long am 1. September klang es etwas anders. Da meinte er über Erhard: »Und dieser arme Teufel unterstützt uns und kauft genug, damit ich meine Truppen in Europa lassen kann; und er ist in den Umfragen auf 30 Prozent abgesackt, weil dort jeder auf ihn einhaut. Sie machen ihn zu Kleinholz und sagen, er sei ein Satellit von Lyndon Johnson. […] Und ich habe zu ihm gesagt: ›Du kommst jetzt nach Washington und mach keinen Ärger – Du mußt Deine Verpflichtungen mir gegenüber einhalten und mir jeden Cent zurückzahlen, den ich ausgebe.‹«[33]

Genau dazu war Erhard nicht in der Lage. Man konnte daher gespannt sein, wie die Gespräche zwischen Johnson und Erhard ablaufen würden.

Sie fanden am 26. und 27. September statt. Erhard erhielt diesmal kein *Johnson Treatment*, obwohl Johnson hart zur Sache ging. Zunächst schilderte Erhard beim ersten Vieraugengespräch am 26. September die schwierige Finanzlage in Deutschland und erwähnte in diesem Zusammenhang das Stabilisierungsgesetz, worauf Johnson fragte, »was es in Deutschland zu stabilisieren gebe«. Johnson meinte dann, was Erhard geschildert habe, seien kritische Bereiche für beide Länder, allerdings glaube er, dass »sein eigenes [des Präsidenten] Problem sogar noch ernsthafter und vielleicht noch weniger meisterbar sei«. Und dann ging es los: »Ich habe in der Vergangenheit immer der Auffassung gehuldigt, das Wort eines Deutschen sei verläßlich. […] Es ist mir aber niemals in den Sinn gekommen, daß der Herr Bundeskanzler etwa nicht tun könnte, was zu tun er versprochen hat.« Er frage den deutschen Regierungschef, ob er sage, dass Amerika bei seiner Zahlungsbilanz nicht auf die volle Erfüllung der deutschen Verpflichtungen rechnen könne, wobei der Kanzler sehr wohl wisse, dass er, Johnson, »dann in eine unhaltbare Position käme«. Eingegangene Verpflichtungen müssten auch eingehalten werden. Er selbst wolle verständnisvoll und ein guter, wahrer Freund sein, andererseits in Amerika keine Lage schaffen, die in ihrem Gesamtbild für den Bundeskanzler und für Deutschland bedauerlich wäre.

Erhard bat den Präsidenten, er möge ihm glauben, dass er dessen Vorwurf als bitter empfinde, durch ein nicht gehaltenes deutsches Wort in eine unhaltbare Lage zu kommen. Die Bundesregierung wolle ihr Bestes versuchen, um von ihrer Verpflichtung, den USA die Kosten für die Stationierung ihrer Truppen in der Bundesrepublik zu ersetzen (Devisenausgleichszahlungen) bis zum 1. Juli 1967 möglichst viel abzutragen: »Ein solches Versprechen ist so gut wie Bargeld. Deutschland bricht keinen Vertrag, sondern steht zu seinem Wort.«[34] Botschafter McGhee sah Erhard beim Verlassen des Sitzungszimmers und schrieb später: »Er wirkte äußerst niedergeschlagen und tat mir ungeheuer leid.«[35] Horst Osterheld notierte: »Kein anderer hätte, wie die Dinge nun einmal lagen, mehr herausholen können als der Kanzler.«[36]

Das änderte nichts daran, dass die CDU/CSU-Bundestagsfraktion Erhard aufforderte, Vorschläge für einen Haushaltsausgleich vorzulegen. Das war ohne Steuererhöhungen nicht möglich, die Erhard dann aber vorschlug, wohl wissend, dass er damit den Widerstand der FDP, möglicherweise ihren Austritt aus der Koalition riskierte. Genau das geschah. Am 27. Oktober 1966 erklärten die FDP-Minister ihren Rücktritt. Die Koalition war geplatzt, Erhard trat wenig später zurück. Botschafter McGhee bedauerte intern, dass man Erhard bei dessen letzten Besuch in Washington offensichtlich zu hart angegangen sei. Das war aus seiner Sicht nicht besonders klug gewesen.[37]

IV. 1966–1969: KURT GEORG KIESINGER UND LYNDON B. JOHNSON

1. Kurt Georg Kiesinger

Der neue Bundeskanzler hieß Kurt Georg Kiesinger. Kiesinger, Jahrgang 1904, hatte in der Weimarer Republik Jura studiert und war dann von 1933 bis 1945 Mitglied der NSDAP gewesen. 1940 war er in die Rundfunkabteilung des Propagandaministeriums eingetreten und dort 1943 stellvertretender Leiter geworden. 1949 bis 1958 war er als Abgeordneter der CDU Mitglied des Bundestages und begleitete in dieser Funktion 1955 Adenauer nach Moskau. Günter Buchstab beschreibt ihn als »Außenpolitiker aus Leidenschaft«, der sich über die Parteigrenzen hinaus als »König Silberzunge« in außenpolitischen Debatten des Bundestages bewährt und höchste Anerkennung erreicht hatte.[1] 1958 verließ Kiesinger Bonn und wurde Ministerpräsident von Baden-Württemberg, was er bis zum 30. November 1966 blieb. Am 1. Dezember 1966 wählte ihn der Bundestag als Nachfolger von Ludwig Erhard zum neuen Bundeskanzler. In seiner Regierungserklärung wies er am 13. Dezember auf die hohe Bedeutung des Bündnisses mit den USA hin: »Diese Regierung wird keine der großen Hilfen vergessen, die uns die Vereinigten Staaten in den vergangenen beiden Jahrzehnten geleistet haben. Sie weiß, daß das Bündnis mit den Vereinigten Staaten und den übrigen Partnern des Nordatlantischen Pakts auch heute und in der Zukunft, die wir zu überblicken vermögen, für uns lebenswichtig ist.«[2]

Um keine Missverständnisse aufkommen zu lassen, nahm Kiesinger auf einer Dinnerparty, die er Ende Januar gab, den stellvertretenden Leiter der amerikanischen Botschaft, Martin

Hillenbrand, zur Seite, um ihm klarzumachen, dass er, Kiesinger, fest zur NATO stehe und zur Notwendigkeit amerikanischer Truppen in Europa, die für Deutschlands Sicherheit lebenswichtig seien. Auch die Avancen gegenüber Paris seien kein Grund zur Beunruhigung. Botschafter McGhee berichtete über dieses Gespräch weiter nach Washington, Osterheld habe das später in dem Sinne ergänzt, dass Kiesinger auf jeden Fall ausschließen wollte, von den Amerikanern möglicherweise falsch verstanden zu werden: »Wir sollen wissen, daß die Grundlage der deutschen Politik die Freundschaft mit uns und das Vertrauen in uns für die Sicherheit Europas unverändert bleibt.« Als Johnson dieses Telegramm las, machte er einen Kreis um den ersten Halbsatz (»Freundschaft mit uns«) und notierte für seinen Sicherheitsberater Walt Rostow: »Walt, da habe ich so meine Zweifel. Können wir darüber sprechen. L.«[3]

Zur Vorbereitung des ersten Treffens mit Kiesinger gab der stv. Sicherheitsberater Johnsons, Francis M. Bator, dem Präsidenten einige Ratschläge mit auf den Weg, die sich ziemlich drastisch anhörten. Bei Kiesinger sei es wichtig, sich daran zu erinnern, dass, so Bator, »Sie dreimal so groß sind wie er – und er weiß das. Er weiß auch, daß Sie ein enges Verhältnis zu Erhard hatten. Aus diesen beiden Gründen, und auch wegen seiner ehemaligen Nazi-Mitgliedschaft, ist er total unsicher, was seine Beziehung mit uns betrifft. Wenn man ihm freundlich und kollegial entgegentritt, könnte das Wunder bei ihm bewirken und ihn in einen sehr verläßlichen Freund verwandeln. [...] Mit etwas ›Presidential‹ Wärme können Sie diesen Mann auf unsere Linie bringen, trotz des Drucks von Strauß und anderer auf ihn, und beweisen, daß er kein Handlanger der Amerikaner ist. Wenn wir ihm das Gefühl geben, daß er ein Freund von uns ist – und sich auch so zu verhalten hat –, dann kann der Gewinn für uns sehr groß sein. [...] An mehreren Fronten nähern wir uns grundsätzlichen Fragen, und die Deutschen sind in einer Schlüsselposition. Ich stimme zu: Es wäre vollkommen falsch, wenn Sie als Präsident diesen Mann um etwas bitten oder ihn überreden wollen. Führen sie ein freundliches Gespräch.«[4]

Gelegenheit dazu bot sich vier Monate später.

2. August 1967: Kiesinger zu Besuch bei Johnson

Kiesinger traf am 15. August 1967 um 12:15 Uhr im Weißen Haus zu einem ersten Vieraugengespräch mit Johnson zusammen. Wie in den vorbereitenden Gesprächen empfohlen, ging der Präsident zunächst auf die Probleme ein, die ihn primär berührten, zuallererst Vietnam. Johnson: »Man kann da nicht einfach alles hinwerfen und nach Hause gehen.« Dann ging es um eine von Verteidigungsminister Schröder öffentlich erwähnte Truppenreduzierung der Bundeswehr um 60 000 Soldaten. Kiesinger wies diese Zahl verärgert zurück und stellte klar, wenn überhaupt, würden es maximal 15 000 Soldaten sein. Er persönlich »halte eine Kürzung aber überhaupt nicht für erforderlich«. Johnson hakte nach und betonte, man benötige die gesamte Stärke, über die man in Europa verfüge, und noch mehr, »um durch die vor uns liegende unsichere Zeit zu kommen«. Und dann dezidiert: »Ich will nicht Architekt einer Auflösung des Bündnisses sein.« Er könne seine Truppen auf dem jetzigen Stand halten, wenn auch die Bundeswehr nicht gekürzt werde. Die innenpolitische Lage lasse ihm aber keine andere Wahl, als im Falle einer deutschen Kürzung nachzuziehen.

Und dann kam eine spezielle Art des *Johnson Treatment*. Anders als bei Erhard meinte Johnson nun, das Verhältnis zwischen ihm und Kiesinger müsse so sein »wie zwischen zwei Brüdern, die im gleichen Geschäft arbeiten«. Kiesinger versicherte, dass das auch für ihn gelte. Und wenig später in großer

Johnson und Kiesinger treffen zweimal zu Vieraugengesprächen zusammen. Es geht um den Atomwaffensperrvertrag, den Vietnamkrieg, die amerikanischen Truppen in Deutschland und um die Ostpolitik. Johnson betont, es müsse »sichergestellt werden, daß zwischen den Männern an der Spitze volles Vertrauen herrsche«. Kiesinger weist in Anspielung auf Erhard darauf hin, »daß er nicht nach Deutschland zurückkehren und den Eindruck entstehen lassen könne, der Präsident sei hart gewesen und deshalb habe er nachgegeben«.

Runde: »Solange ich Chef der deutschen Regierung bin, können Sie sich auf uns verlassen; wir werden aufrichtig sein und wir werden Eure Freundschaft zu uns durch unsere Freundschaft zu Euch festigen.« Da konnte Johnson nur noch sagen, das »ist sehr ermutigend für alle, die am Konferenztisch sitzen«.[5]

Am nächsten Tag trafen Johnson und Kiesinger zu einem zweiten Vieraugengespräch zusammen. Kiesinger erinnerte sich wohl an das letzte Treffen zwischen Johnson und Erhard und machte klar: »Ich kann nicht nach Deutschland zurückkehren und den Eindruck entstehen lassen, der Präsident ist hart gewesen, und deshalb habe ich nachgegeben.« Er könne deshalb nur sagen, was er bereits in Deutschland erklärt habe, »daß seiner Ansicht nach eine Reduzierung der Bundeswehr nicht erforderlich sei, sollte sich aber herausstellen, daß doch gekürzt werden müsse, so nicht in nennenswertem Umfang«.

Das knapp einstündige Gespräch hätte nicht freundlicher enden können: Johnson lud Kiesinger zu einem kurzen Spaziergang im Rosengarten des Weißen Hauses ein und zeigte ihm auf dem Weg dahin noch einige Botschaften, die anlässlich des Sechstagekrieges über den »heißen Draht«, der Fernschreibverbindung zwischen Moskau und Washington, ausgetauscht worden waren. Das Gespräch im Park fand ohne Dolmetscher statt.[6]

In der *Washington Post* wurde der Besuch Kiesingers wohlwollend kommentiert: Die »Konsultationslücke zwischen Bonn und Washington« sei geschlossen worden. Botschafter Knappstein berichtete weiter, der Erfolg der Gespräche sei auch der Persönlichkeit von Kiesinger und seiner Fähigkeit, »recht gut« Englisch zu sprechen, zugeschrieben worden: »Im Gegensatz zu Adenauer, der immer wie ein Eisberg gewirkt hat, und zu Erhard, der sich nie von dem Begriff ›Gummilöwe‹ hatte freimachen können, ist Kiesinger immer freundlich und manchmal sogar humorvoll (droll) gewesen.«[7]

Richard Nixon hat ein eher ambivalentes Verhältnis zu Willy Brandt. Das reicht von »anständiger Kerl« (»decent man«) bis »Hurensohn« (»son of a bitch«).

V. 1969–1974: WILLY BRANDT UND RICHARD M. NIXON

1. Willy Brandt

Willy Brandt wurde am 18. Dezember 1913 in Lübeck geboren, war Mitglied der sozialistischen Jugendbewegung, trat 1930 in die SPD ein, flüchtete 1933 nach Norwegen und nach der Besetzung Norwegens nach Schweden. 1945 kehrte er zurück und war bis 1947 für skandinavische Zeitungen in Westdeutschland und Berlin tätig. 1948 war er im SPD-Parteivorstand in Berlin, 1949 bis 1957 außerdem Mitglied des Bundestages und von 1957 bis 1966 als Nachfolger von Otto Suhr Regierender Bürgermeister von Berlin. Bei den Wahlen 1961 und 1965 war er Kanzlerkandidat der SPD und dann in der großen Koalition unter Kurt Georg Kiesinger von 1966 bis 1969 Vizekanzler und Außenminister. Nach der mit knapper Mehrheit gewonnenen Bundestagswahl 1969 bildete er mit Walter Scheel von der FDP die erste linksliberale Bundesregierung. Als Bundeskanzler leitete er eine Entspannung mit den osteuropäischen Ländern ein (»Ostpolitik«, Kniefall in Warschau), für die er 1971 den Friedensnobelpreis erhielt.[1]

2. Richard M. Nixon

Richard M. Nixon, am 9. Januar 1913 im kalifornischen Yorba Linda geboren, wuchs in bescheidenen Verhältnissen auf. Er besuchte später die Duke Universität und studierte Jura, diente dann von 1942 bis 1946 in der Marine als Offizier im Südpazifik. 1946 begann seine politische Laufbahn als Republikaner mit der Wahl ins US-Repräsentantenhaus. 1950 wurde er in den Senat gewählt, nachdem er als »Kommunistenjäger« im »Ausschuss für unamerikanische Umtriebe« des Repräsentantenhauses weit über Washington hinaus bekannt geworden war. Das brachte ihm 1952 die Kandidatur als Vizepräsident unter Dwight D. Eisenhower ein. Bei der Präsidentschaftswahl 1960 unterlag er John F. Kennedy knapp, zwei Jahre später verlor er auch die Wahl zum Gouverneur in Kalifornien. Das schien sein politisches Ende zu sein. Er tauchte dann aber 1968 für viele Beobachter überraschend wieder aus der politischen Versenkung auf und wurde im August bereits im ersten Wahlgang auf dem Kongress der Republikaner in Miami zum Präsidentschaftskandidaten gewählt. Im November 1968 gewann er die Wahl mit dem Versprechen, den Vietnamkrieg zu beenden.

Adlai Stevenson, Kandidat der Demokraten bei den Präsidentschaftswahlen 1952, nannte Richard Nixon einmal einen »Mann der vielen Gesichter, und wer kann schon sagen, daß er dessen wahres Gesicht gesehen hat?« Für die Konservativen in Kalifornien, die Nixon in den 1940er Jahren unterstützten, war er ein Populist: »Richard M. Nixon ist einer von uns«, lautete 1946 ein Wahlslogan. Für die Intellektuellen der 1950er Jahre war Nixon nur der Tricky Dick, von dem man keinen Gebrauchtwagen kaufen würde. Für die radikale »Neue Linke« in den Sechzigern war er ein undurchsichtiger, verschwörerischer Geist, für die Journalisten in Washington ein Politiker, der das Bild von sich clever »verkaufte«: ein genialer »Manager« der Nachrichten. Für den Durchschnittsamerikaner, jenen berühmten »Mann auf der Straße«, der loyal zum Präsidenten stand, hatten die Linken Nixon zum Sündenbock gemacht, man sah ihn als Opfer der Watergate-Affäre. Für die Psychologen schließlich war Nixon ein Paranoiker. Er selbst hatte 1969 im Zusammenhang mit dem Vietnamkrieg von seiner *madman theory* gesprochen: Die Nordvietnamesen sollten denken, er sei an einem Punkt angelangt, wo er zu allem bereit war, um den Krieg zu beenden.[2]

Für die an Außenpolitik Interessierten war und ist Nixon schließlich ein Staatsmann: Für sie gibt es nicht nur Vietnam und Watergate, sondern auch seine Besuche in Peking und Moskau 1972, die Verbesserung der Beziehungen zur Sowjetunion und SALT I (Begrenzung der strategischen Waffen), kurz: *Détente*.

Helmut Schmidt nannte ihn einen »hochbegabten Außenpolitiker« und äußerte seine »Hochachtung vor der außenpolitischen Genialität Nixons«.[3] Nixon war in jedem Fall eine schillernde, in mancher Hinsicht auch eine faszinierende Figur, erpicht darauf, als großer Politiker in die Geschichte einzugehen, und geradezu besessen davon, seinen Landsleuten das beste Bild von sich zu »verkaufen« und von ihnen »geliebt« zu werden.[4]

3. Nixon und Brandt: ein schwieriges Verhältnis

Von 1969 bis 1974 verkörperten Richard Nixon und Willy Brandt die deutsch-amerikanischen Beziehungen. Nixon zur Seite stand Henry Kissinger, Willy Brandts »Kissinger« war Egon Bahr. Blickt man auf diese fünf Jahre, fallen interessante Parallelen auf. Beide Politiker übernahmen 1969 ihre Regierungsämter, beide beschritten in der Außenpolitik neue Wege: Nixon besuchte Peking und Moskau, Brandt initiierte die Ostpolitik. Bei Nixon kommt hinzu, dass er – wenn auch unter großen Opfern – den Vietnamkrieg beendete. Beide scheiterten am Ende grandios.

Liest man die Erinnerungen der damaligen Akteure, so sind die jeweiligen Psychogramme über die jeweils anderen lesenswert. Nur ganz unterschwellig – am ehesten noch bei Kissinger – wird deutlich, dass die Hauptakteure nicht miteinander »konnten«, ihre »Chemie« nicht stimmte: Nixon und Kissinger konnten Brandt und Bahr persönlich nicht ausstehen. Schöne Tischreden konnten darüber nicht hinwegtäuschen.

Persönliche Eitelkeit und das Bewusstsein, Vertreter einer Weltmacht zu sein, spielten sowohl bei Nixon wie auch bei Kissinger eine herausragende Rolle. Die von Kissinger in seinen Erinnerungen gegebene Begründung der angeblichen Gefährlichkeit der Ostpolitik lässt sich daher vielleicht auf einen Satz von ihm zu Staatssekretär Paul Frank Anfang 1970 reduzieren: »Eines will ich Ihnen sagen, wenn schon Entspannungspolitik mit der Sowjetunion gemacht werden soll, dann machen *wir* sie!«[Hervorhebung i. O.][5]

Brandt gibt in seinen Erinnerungen eine Beschreibung von Nixon. Ihn beeindruckte dessen »sozusagen freie, flexible Außenpolitik; mit Skrupeln verlegt er sich keinen Weg. […] Niemals löste sich […] eine leichte Verkrampfung. […] Es blieb ein Schatten der Rastlosigkeit und Unsicherheit. […] Er setzte die Pointen recht genau, wenn er witzig zu sein versuchte. Manchmal erinnerte er […] ein wenig zu sehr an routinierte Alleinunterhalter. Seine Auftritte waren ›gekonnt‹ – vielleicht ein wenig überinszeniert wie die Aufmärsche seiner White House-Garde mit ihren Uniformen, die aus einer Provinzaufführung der ›Lustigen Witwe‹ zu stammen schienen. […] Dennoch war es schwer, in dem liebenswürdigen Gastgeber den Mann zu erkennen, der das Weiße Haus zu einer ›Festung‹ eines rücksichtslosen Machtwillens und zum Operationsfeld der Willkür von Zeloten verwandelte. […] Seine Unsicherheit mag wohl auch ein Schlüssel für seine intern so unbalancierte Machtpolitik sein, die in einem merkwürdigen Gegensatz zur Rationalität der großen außenpolitischen Ziele stand.«[6]

Nixon »lebte gern gefährlich«, wie Kissinger im Rückblick meint.[7]

10. April 1970: Bundeskanzler Willy Brandt beim Antrittsbesuch bei Richard Nixon. Nixon und sein Sicherheitsberater Henry Kissinger haben große Vorbehalte gegen Brandt und dessen engsten Vertrauten Egon Bahr. Sie belegen beide intern mit wüsten Schimpfwörtern. Kissinger zur Ostpolitik: ein »desaster«; und: »Wenn schon Entspannungspolitik gemacht werden soll, dann machen *wir* sie.«

Am 10. und 11. April 1970 machte Willy Brandt seinen Antrittsbesuch bei Nixon. Die Amerikaner waren nett zu ihm.[8] Es wurden Freundlichkeiten ausgetauscht, etwa die üblichen Hinweise auf die deutsch-amerikanische Freundschaft. Dieses Verhältnis, so Nixon, »hat 20 Jahre lang den Frieden in Europa erhalten und wird ihn für weitere 20 Jahre bewahren können, wenn die Freundschaft zwischen den beiden Ländern weiter gewahrt wird.« Das waren allgemeine Äußerungen, sicherlich nicht jene hundertprozentige Unterstützung, die der Bundeskanzler in diese Worte hineininterpretierte, auch nicht Nixons »Vertrauen zu unserer Politik«, wie Brandt später schrieb.[9]

Am 15. Juni 1971 gab es ein zweites Treffen im Weißen Haus. Interessant sind die vorbereitenden Gespräche zwischen Kissinger und Nixon, aber auch das Gespräch zwischen Brandt und Nixon selbst. Am 29. Mai ging es zwischen Kissinger und Nixon um Kuba, China, Vietnam, SALT, das geplante Gipfeltreffen in Moskau und um das neue Viermächteabkommen um Berlin, zu dem Kissinger meinte, die Sache sei praktisch gelaufen, und Nixon den Wunsch äußerte, dafür etwas Anerkennung zu bekommen. Kissinger: »Wenn Brandt da ist, können Sie das möglicherweise ansprechen.« Nixon: »Nun ja, wir werden sehen. Ich will unseren Freunden [von der CDU] in Deutschland nicht schaden, indem ich diesen Hurensohn auch noch unterstütze.«[10]

In dem Gespräch mit Brandt, an dem auch Egon Bahr teilnahm, zeigte Nixon dann eine erstaunliche Unsicherheit, was das Vorgespräch mit Kissinger deutlich macht. Er bat Kissinger, »möglichst viel zu reden. Ich kenne diesen Burschen [Bahr] nicht. Ich kenne Brandt. Ich vertraue ihm nicht, wie Sie ja wissen.« Kissinger: »Brandt ist die Nummer eins.« Nixon: »Überhaupt nicht. Und ich bin mir auch nicht sicher – das ist die einzige Sache, wo ich etwas Sorge habe, nämlich Botschafter Rush. Ich denke, wenn er da ist, und Brandt die ganze Zeit auch da ist, ich denke, er unterschätzt die – die CDU kann doch gar nicht. Um Gottes Willen, wenn das Deutschlands ganze Hoffnungen sind, dann hat Deutschland keine große Zukunft.« Kissinger: »No.« Nixon: »Ja gut, trotzdem, das ist jetzt irrelevant.« Dann bat er Kissinger, Brandt das Stichwort für sein Gespräch zu geben, das, was er hören wolle, denn »ich weiß verdammt überhaupt nicht, worüber ich reden soll. Ich will nicht sagen, daß ich, daß wir von der Ostpolitik begeistert sind.« Kissinger: »Das wollte ich gar nicht sagen. Überhaupt nicht.«[11]

Das anschließende Gespräch zwischen Nixon und Brandt dauerte genau von 11:02 Uhr bis 12:34 Uhr. Um 11:13 Uhr stießen Kissinger und Bahr hinzu. Es gibt kein deutsches Wortprotokoll, sondern nur die Aufzeichnung von Brandt.[12] Das amerikanische Wortprotokoll zeigt, dass es ein eher merkwürdiges Gespräch war. Eine eigentliche Unterhaltung ist gar nicht zustande gekommen. Es heißt ständig nur *yes, no, well, they do*, etc., etc. Nur an einer Stelle wurde Nixon ausführlich, als es um die Bundespräsenz in West-Berlin ging. Das war für Nixon etwas Grundsätzliches, und er machte klar: »Was hier auf dem Spiel steht, ist die ganze Bundesrepublik, deren Zukunft und deren spätere Position. Ihre Position als Führer, Ihre ganze Ostpolitik etc. Ich meine, Berlin ist der Schlüssel. Wir müssen das bekommen, was wir wollen. Wir wollen sicher sein, daß wir, wenn wir diese Tür öffnen, nicht die Treppe hinunterfallen. Und aus dem Grund, auch wenn das Wort Verbindung (›linkage‹) immer ein Horror für unsere sowjetischen Freunde ist, es gibt natürlich diese Verbindung. Wir wollen ehrlich sein, Sie wissen das, und ich weiß es, wenn wir über gegenseitigen Truppenabbau reden, warum wir die Truppenstärke halten. Der Grund, warum wir unsere Truppenstärke halten, es gibt Spannungen. […] Da gibt es halt diese Verbindung zwischen Berlin und der Zukunft Europas und den Truppen und der Rest von dem. Ist das so?« Brandt: »Yes.«

Am Abend gab Nixon im Weißen Haus ein Essen zu Ehren von Brandt. Der Präsident sprach einen Toast auf die engen deutsch-amerikanischen Beziehungen aus und äußerte die Hoffnung, dass »mit dem Treffen neue Samen gesät seien, so daß wir schon bald eine neue Ernte einfahren können«. Brandt ging in seiner Tischrede auf die globalen Ereignisse ein, von Reduzierung von Spannungen in Deutschland und China bis zu den gegenwärtigen Entwicklungen in Südostasien – gemeint war natürlich Vietnam – und Ostpakistan. Er anerkannte die Last der amerikanischen Verantwortung und bot deutsche Hilfe an, einschließlich Zusammenarbeit, »entsprechend unseren gemeinsamen Interessen«. Lee Huebner, ein Mitarbeiter im Weißen Haus, nannte das eine der besten Tischreden, die ein Besucher während der Nixon-Administration gehalten habe.

Nixon sah das vollkommen anders. Zu Kissinger meinte er nach der Veranstaltung, es sei eine »verflucht beschämende Angelegenheit gewesen«. Brandt habe Vietnam erwähnt, während er, Nixon, den Krieg doch beenden wolle, er habe Pakistan erwähnt, ausgerechnet Pakistan, und er habe überhaupt nicht erwähnt, dass »wir ihn schon inzwischen zweimal empfangen und ihn unterstützt haben. Brandt ist uns das schuldig. Er ist es uns schuldig, daß er irgendetwas, etwas Freundliches über den Präsidenten sagt. Also, ich stehe auf und sage all dies in meinem Toast und lobe ihn, seine – und wir kriegen nichts zurück als Gegenleistung. Verstehen Sie das?« Kissinger: »Ja.« Nixon: »Wir haben nichts zurückbekommen. Dieser Kollege schuldet uns eine ganze Menge. Er schuldet uns eine ganze Menge. Er muß das wissen. Wir haben uns gegen die Mansfeld-Resolution gewandt [Truppenabzug aus Deutschland]. Wir haben uns dagegen gewandt. Wir haben ihn nicht in Verlegenheit gebracht. [...] Die Berlin-Sache ist ohne uns nicht zu machen. Aber er spielt sein Spiel, Henry.«

Am Nachmittag hatte sich Nixon immer noch nicht beruhigt und meinte zu Kissinger: »Brandt fliegt hier durch die Gegend und belehrt uns über Vietnam und belehrt uns über Pakistan. Aber was zum Teufel macht er eigentlich? [...] Er war ja nicht wirklich schlecht, mit Ausnahme, daß er für mich irgendwie dumm und anmaßend daherkam.«

Im weiteren Verlauf des Gesprächs meinte Kissinger dann, dass Brandt »uns dringend braucht«, während Nixon betonte, Brandt komme nach Amerika und spreche mit Humphrey [Demokrat] und »all den Linken und Sozialisten und so weiter. Ich will das bei dieser Gelegenheit mal sagen, ich glaube Rush so ziemlich alles, mit einer Ausnahme, daß er Brandts Fähigkeit weiterzumachen, falsch einschätzt. Ich glaube nicht, daß dieser Mann diese Fähigkeit hat.«

Kissinger wies dann darauf hin, dass es mit Blick auf die CDU sehr unglucklich sei, »wenn wir Brandt das Berlin-Abkommen geben und damit seine Chancen wachsen«. Kissinger verwies auf die Wahlen des Jahres 1969: Das Ergebnis sei die »schlimmste Tragödie gewesen, ein Desaster«. Hätte die NPD, »die extreme Rechte, nur drei Zehntel eines Prozents mehr Stimmen bekommen, dann wären die Christdemokraten jetzt an der Regierung«.[13]

Nixon und Kissinger hatten massive Vorbehalte gegen Brandt (und Egon Bahr). Für Kissinger war die Ostpolitik insgesamt ein »Desaster«; beim weiteren Vorgehen dürfe man »die Dummheit der Deutschen nicht unterschätzen«, Brandt sei »faul und trinkt«, ein gefährlicher Mensch; Bahr »absolut unzuverlässig«, eine »Schlange«; Außenminister Walter Scheel ein »Trottel«. Nixon hielt Brandt für einen »Hurensohn« und meinte, »jede nicht-sozialistische Regierung wäre besser« als die sozialliberale.[14] Seine Anweisung an Kissinger vom 20. Dezember 1972 war eindeutig: »*Absolut* nichts tun, was Brandt hilft (unabhängig von seiner Wiederwahl).«[15]

Brandt und Nixon wurden im November 1972 jeweils mit überwältigender Mehrheit wiedergewählt. Aber: »Von nun an ging's bergab«, wie Egon Bahr das in seinen Erinnerungen mit Blick auf Brandt in fünf Worten zusammenfasst,[16] während Nixon zum »Gefangenen des Watergate-Skandals« (Kissinger) wurde, der ihn letztlich zu Fall brachte. Am 5. Mai 1974 trat Willy Brandt infolge der Spionageaffäre Guillaume zurück. In einem Telegramm an ihn nahm Nixon am 8. Mai den Rücktritt »mit Bedauern« zur Kenntnis und versicherte Brandt auch für die Zukunft, »wie in der Vergangenheit«, seine »aufrichtige Freundschaft«.[17] Mit Wirkung 9. August 1974 trat er selbst zurück.

Nixons Nachfolger wurde Vizepräsident Gerald Ford, Brandts Nachfolger Helmut Schmidt.

VI. 1974–1982: HELMUT SCHMIDT, GERALD R. FORD, JIMMY CARTER UND RONALD REAGAN

1. Helmut Schmidt

Im Dezember 1972 vermutete die CIA, Willy Brandt habe Kehlkopfkrebs. Einen entsprechenden Bericht schickte CIA-Direktor Richard Helms am 5. Dezember an das Weiße Haus. Am 16. Dezember informierte Henry Kissinger Präsident Nixon und nannte Helmut Schmidt den »wahrscheinlichsten« Nachfolger Brandts. Es werde ein problemloser Übergang werden, obwohl Schmidt, so Kissinger, bei dem ständig stärker werdenden linken Flügel der SPD immer unbeliebter werde.

Und dann beschrieb er Helmut Schmidt: »Er ist zwar so beliebt wie Brandt, aber im Land draußen insgesamt wohl beliebter. Er ist ein guter und langjähriger Freund der USA und kennt sich sehr gut aus, wenn es um Politik, Wirtschaft und Strategie zwischen den USA und Europa geht. Er verläßt sich mehr auf sich selbst und hält nicht so viel von Ideen und Projekten von Brandts engen Beratern, etwa Bahr. Einige unserer wirtschaftspolitischen Maßnahmen betrachtet er allerdings eher kritisch und ist in Verhandlungen ziemlich abgebrüht.«[1]

Helmut Schmidt wurde am 23. Dezember 1918 geboren. Im April 1945 geriet er als Oberleutnant der Wehrmacht in britische Gefangenschaft, aus der er im August 1945 entlassen wurde. Seit 1961 war Schmidt Senator der Polizeibehörde in Hamburg. In dieser Funktion erwies er sich während der Sturmflut 1962 als entschlossener Krisenmanager und wurde weit über Hamburg hinaus bekannt und geschätzt. Von 1967 bis 1969 war er Vorsitzender der SPD-Bundestagsfraktion, 1969 bis 1972 Verteidigungs- und von 1972 bis 1974 Finanzminister. Im Mai 1974 wurde er Bundeskanzler.[2]

1999 versuchte sich Kissinger in seinen Erinnerungen noch einmal an einer Charakterstudie. Es ist eine scharfsinnige und gleichzeitig feinfühlige Analyse des Kanzlers und Menschen Schmidt, den, so Kissinger, »die Geschichte übel mitgespielt« habe. Sie »gab ihm nicht die Chance, Großtaten zu vollbringen«, etwa im Vergleich zu Adenauer mit der Westintegration, Brandt mit der Ostpolitik und Kohl mit der Wiedervereinigung. Immerhin gestand Kissinger ihm zu, die Bundesrepublik »mit Intelligenz und Geschick, ja sogar mit Eleganz« geführt zu haben.[3]

Schmidt war ein Realist mit Bewusstsein für Geschichte und dem Erreichbaren in der Zukunft: Realismus mit Zukunftsideen, wie der spätere SPD-Vorsitzende Björn Engholm ihn beschreibt. Er war pünktlich, zuverlässig und kalkulierbar und erwartete all dies auch von anderen. Seine Leidenschaft galt der Sicherheits- und Außenpolitik, wobei Sicherheitspolitik immer ein Teil von Außenpolitik war. Die zweite Leidenschaft war die Wirtschaft , »weil er wusste, dies betrifft alle Menschen«.[4]

Die meisten jener amerikanischen Politiker, mit denen Schmidt als Kanzler zu tun hatte, sprachen und sprechen in höchsten Tönen von ihm. George Shultz, ehemaliger Finanz- und Außenminister, nannte ihn einen »überaus fähigen, intelligenten Menschen, nicht nur intelligent, sondern auch sehr bedacht und gründlich vorgehend, mit einem einnehmenden Wesen. Wir haben uns vom ersten Augenblick an hervorragend verstanden.«[5] Ähnlich der ehemalige Mitarbeiter Kissingers und spätere Außenminister Lawrence Eagleburger im Jahre 2007 zum Autor: »Ich bewundere ihn sehr und habe ihn auch stets bewundert: Er hatte seine eigenen politischen Grundsätze und seine eigenen Ansichten darüber, was Deutschland tun sollte. Aber er hielt uns stets auf dem Laufenden. Er redete immer mit uns, er teilte uns immer mit, was er dachte.«[6]

Im Jahre 2007 bekannte Henry Kissinger: »Kanzler Schmidt ist unter den früheren deutschen Bundeskanzlern mein bester Freund. Er verkörperte für mich eine höchst außergewöhnliche Verbindung von Intelligenz und Führungseigenschaften in einer Person. Er ist grundsätzlich davon überzeugt, dass eine Sache, die richtig ist, auch getan werden muss.«[7]

2. Gerald R. Ford

Gerald Rudolph Ford wurde am 14. Juli 1913 in Omaha, Nebraska, als Leslie L. King Jr. geboren. Seine Mutter, Dorothee Gardner, hatte mit 20 Jahren den Wollhändler Leslie Lynch King geheiratet. Nach drei Jahren Ehe, in denen sie von ihrem Mann öfter geschlagen wurde, ließ sie sich 1915 scheiden und zog zu ihren Eltern nach Grand Rapids in Michigan. Dort heiratete sie Gerald Rudolph Ford, einen Farbenverkäufer der Grand Rapids Woods Finishing Company, der den Jungen als Gerald R. Ford Jr. adoptierte.

Fords Autobiografie *A Time to Heal*[8] macht deutlich, wie hart die Jahre bis zur Beendigung seines Jurastudiums 1941 an der Yale Law School waren und mit welchem Stolz Ford auf diese für ihn prägende Zeit zurückblickte. Er verdiente sein Geld als Football- und Boxtrainer sowie Tellerwäscher und bekam 1938 mit Unterstützung des einflussreichen republikanischen Senators Arthur H. Vandenberg einen Job als Ranger im Yellowstone Nationalpark. Und er war ein begeisterter Footballspieler. Im College All Star Game vor 100 000 Zuschauern zu spielen, blieb für Ford ein nachhaltiges Erlebnis.

Seit Anfang 1942 diente Ford in der Navy und wurde dabei von 1943 bis 1945 auf dem Flugzeugträger USS *Enterprise* im Pazifik eingesetzt. Im Februar 1946 schied er als Korvettenkapitän aus der Navy aus und arbeitete zunächst wieder als Rechtsanwalt in Grand Rapids. Mit Unterstützung von Vandenberg bewarb er sich 1948 im republikanischen Wahlkreis Michigan um einen Sitz im Repräsentantenhaus. Er gewann diese Wahl wie alle folgenden bis 1972 mit klaren Mehrheiten.

In Washington entwickelte sich Ford zu einem erfahrenen Parlamentarier. 1964 gehörte er der Warren-Kommission an, die die Ermordung von Präsident Kennedy untersuchte. Seit 1965 war er Sprecher der Republikaner im Repräsentantenhaus (*minority leader*).

Als 1973 gegen Vizepräsident Spiro T. Agnew eine Anklage wegen Annahme von Bestechungsgeldern vorbereitet wurde und er daraufhin am 10. Oktober 1973 zurücktrat, nominierte Richard Nixon überraschend Gerald Ford zu dessen Nachfolger. Diese Nominierung mitten im dramatischen Yom Kippur-Krieg im Nahen Osten – am 25. Oktober riefen die USA für ihre Truppen weltweit die Alarmstufe DEFCON 3 aus (erhöhte Alarmbereitschaft) und bereiteten gleichzeitig den Einsatz von Atomwaffen vor[9] – war Taktik: Nixon hielt Ford außenpolitisch für unerfahren. Befürworter eines *impeachment* (Amtsenthebungsverfahrens) gegen ihn – so Nixons Kalkül – würden möglicherweise nicht riskieren, in dieser gefährlichen Situation so einem Mann das Präsidentenamt zu überlassen.

Nixons Rechnung ging nicht auf. Der von den Demokraten beherrschte Kongress stimmte Fords Ernennung mit großer Mehrheit zu, wohl auch in der Erwartung, mit ihm in den Präsidentschaftswahlen 1976 einen eher schwachen republikanischen Kandidaten zu haben.

Am 9. August 1974 wurde Ford der 38. Präsident der Vereinigten Staaten von Amerika. Er übernahm sein Amt mit den später oft zitierten Worten: »Unser langer nationaler Alptraum ist vorüber.«

Ford war ein Mann, der in sich ruhte. Sein sozialer und politischer Aufstieg entsprach dem *American dream*, an den viele Amerikaner nach wie vor glaub(t)en. Er vermittelte, wie Henry Kissinger das in seinen Erinnerungen beschreibt, »das Gefühl einer wiedergefundenen Orientierung«. Für die Amerikaner waren seine »Ruhe und Gelassenheit ein Gottesgeschenk«, ein Mann, »der die höchsten und einfachsten Werte unserer Nation verkörperte«.[10] Er war »stets er selbst und gab sein Bestes. Damit rettete er den Zusammenhalt und die Würde seines Landes.«[11] Ford sah sich als jemand, der die von Nixon geschlagenen Wunden heilen wollte. Dazu gehörte auch seine damals äußerst umstrittene Entscheidung vom 8. September 1974, Nixon eine Generalamnestie für alle Straftaten zu gewähren. Ein Prozess gegen Nixon, so Fords Überlegung, hätte die Nation noch weiter zerrissen.

Ford besaß Mut und Führungsqualität. Sein Arbeitsstil unterschied sich vollkommen von dem Nixons: Es gab keine raffinierten »linken« Manöver, Entscheidungen wurden offen diskutiert, auch mit den Beamten des Hauses. Wenn er einen Beschluss gefasst hatte, stand er dazu.

Im dritten Band seiner Erinnerungen zählt Henry Kissinger für die 29 Monate von Fords Präsidentschaft jene Ereignisse und Krisen auf, die seiner Meinung nach »für zwei volle Amtszeiten gereicht hätten«: Der Konflikt in Zypern und im Libanon, ein Grundsatzabkommen mit der Sowjetunion über die Kontrolle der strategischen Rüstung, das Ende von Amerikas Alptraum in Vietnam, die weltweite Energiekrise, die KSZE-Schlussakte von Helsinki 1975, Vorstöße der Sowjetunion und Kubas in Afrika, der Übergang zur Mehrheitsherrschaft in Südafrika, eine dauerhafte Lösung für den Panamakanal und schließlich der erste Wirtschaftsgipfel der G7, der sieben großen demokratischen Industriestaaten.[12]

Deutschland kommt nicht vor – und das zu Recht. In der Präsidentschaft Fords waren die deutsch-amerikanischen Beziehungen hervorragend, es gab keine Krisen, keine großen

Probleme. Das hatte auch viel mit Ford und Schmidt und deren persönlicher Beziehung zu tun. Schmidt beschreibt die Präsidentschaft Fords so: Unter seiner Führung waren die USA »ein immer berechenbarer und zuverlässiger Partner und Führer der Atlantischen Allianz«. Ford strahlte demnach eine »zurückgenommene, natürliche Würde aus«. Was die volkswirtschaftliche Lage seines Landes als auch die Weltwirtschaft betraf, war der damalige US-Präsident nach Meinung Schmidts »urteilskräftig«.[13] Ford war ein Mann, der die Freundschaft des Kanzlers gewann – und vice versa. Man konnte sich aufeinander verlassen. Und das hieß etwas, vor allem, wenn man Schmidts Verhältnis zu Fords Nachfolger Jimmy Carter betrachtet.

Zwischen Ford und Schmidt stimmte die »Chemie«, wie die erste Unterhaltung in den Morgenstunden des 5. Dezember 1974 nach dem Staatsdinner im Weißen Haus in den Privaträumen des Präsidenten deutlich machte, die Ford in seinen Erinnerungen beschreibt. Man sprach bis morgens zwei Uhr miteinander – über Politik, aber auch über persönliche Dinge. Das sei ein Punkt, so Ford, der oft übersehen werde, nämlich die Bedeutung von persönlichen Beziehungen.[14]

Im Juli 1975 besuchte Ford Bonn. Schmidt zitiert in seinen Erinnerungen den entsprechenden Bericht im Wochenmagazin *Time*: »Kein Land Europas ist mit Ford zufriedener als die Bundesrepublik Deutschland. Kanzler Schmidt […] findet Ford wohlvorbereitet, gut informiert und zugleich ernsthaft. […] Was die Deutschen an Ford höher schätzen als alles andere, ist das Gefühl der Stabilität und Gelassenheit, das ihnen die Ford-Regierung vermittelt.«

Und Schmidt ergänzt: »Dies traf in allen Punkten zu.«[15]

Schmidt dozierte, kritisierte, analysierte und ermahnte seine amerikanischen Partner bei passenden und unpassenden Gelegenheiten. Bei seinem ersten Besuch im Dezember 1974 schlug er Ford als erstes eine Aussprache über die Konjunktur der

Zwischen Helmut Schmidt und Gerald Ford stimmt die »Chemie«.

Weltwirtschaft vor, um dann klarzustellen: »Sie haben als wirtschaftliche Führungsmacht des Westens eine besondere Verantwortung. Dabei kann man die Dinge nicht nur laufen lassen.« Und er kritisierte, die USA würden in der Wirtschaftspolitik »zu wenig zu spät tun«.[16]

Botschafter von Staden bat bei Schmidt um Nachsicht gegenüber den Amerikanern. Mit Blick auf die Niederlage in Vietnam meinte er im April 1975: »Die ›missionarische‹ Phase der amerikanischen Außenpolitik, die vom Willen zum eigenen Einsatz getragen war, scheint sich ihrem Ende zuzuneigen.« Er verwies auf die veränderte Stimmungslage in Kongress und Öffentlichkeit und gab den Rat, es komme jetzt sehr darauf an, »den Amerikanern Vertrauen entgegenzubringen«. Es sollte außerdem alles getan werden, »um ihnen deutlich zu machen, daß es sich lohnt, für Europa einzustehen, und daß es insbesondere für sie von militärischer, politischer und wirtschaftlicher Bedeutung ist, in Europa engagiert zu bleiben. Die Bundesrepublik hat hier eine besondere Aufgabe. Sie wird in dieser schwierigen Phase in besonderem Maße als eine Insel der Stabilität – nicht nur wirtschaftlich – gesehen.«[17]

Und sie wurde als wichtigster Bündnispartner gesehen. Schmidt konnte die Amerikaner mit Blick auf die Stimmung der westdeutschen Bevölkerung mehr als beruhigen. Demnach betrachteten 67 Prozent der westdeutschen Bevölkerung die USA nach wie vor als den zuverlässigsten Freund der Deutschen, um gleichzeitig auf die schwierige Lage insgesamt hinzuweisen: »Der Westen macht die größte politische Krise seit dem Zweiten Weltkrieg durch. Das Funktionieren der demokratisch verfaßten Industrienationen steht auf dem Spiel«, um gleich mahnend hinzuzufügen: »Letzten Endes geht es darum, [...] daß die Vereinigten Staaten ihrer Führungsrolle gerecht werden, ohne dies nach außen zu sehr in Erscheinung treten zu lassen.« Ford erklärte seine Bereitschaft , »eng mit dem Bundeskanzler in diesen Fragen zusammenzuarbeiten«.[18] Und es war diesmal mehr als eine Floskel, als beide am Ende der Gespräche noch einmal den engen und ausgezeichneten Stand der Beziehungen betonten.

2. Jimmy Carter

Am 2. November 1976 würden in den USA Präsidentschaftswahlen stattfinden. Auf dem Wahlkonvent der Republikanischen Partei am 19. August 1976 in Kansas City setzte sich Ford gegen seinen Herausforderer Ronald Reagan durch und wurde zum Kandidaten seiner Partei gewählt. Sein Herausforderer bei den Demokraten war Jimmy Carter. Seit Kansas City gewann Ford ziemlich stetig in den Umfragen, während Carters Wahlkampf »unsicher, stolpernd und fehlerhaft« erschien, wie Botschafter von Staden nach Bonn meldete.[19] Beim Besuch von Außenminister Genscher in Washington am 28. September 1976 äußerte sich Ford zunächst über die Wahlkampflage und erläuterte, dass sie sich für ihn günstig entwickelt habe. Im Süden des Landes verfüge Carter zwar noch über einen erheblichen Vorsprung, in den übrigen Landesteilen liege er mit ihm aber bereits gleich oder sei ihm unterlegen.[20]

Dann kam am 6. Oktober die zweite Fernsehdiskussion mit Carter, die, wie Staden weiter meldete, »eindeutig, wenn auch nicht uneingeschränkt« zugunsten Carters ausgegangen sei. Auch Carter habe Fehler gemacht, »war stellenweise unfair und mag ein gewisses Gefühl der Beunruhigung, das er manchen einflößt, bestätigt und möglicherweise verstärkt haben. Dennoch ist Ford der Verlierer.«[21]

In jedem Fall, so von Staden, »sollten wir also davon ausgehen, daß Carter mit hoher Wahrscheinlichkeit für die nächsten acht Jahre Präsident der Vereinigten Staaten sein wird, und wir müssen m. E. sehr darauf achten, einen guten Start mit diesem Manne des langen Gedächtnisses zu haben«. Sein Verhältnis zu Deutschland werde weitgehend davon abhängen, »wie wir ihm begegnen. Seine Berater […] stehen uns nicht ohne Wohlwollen gegenüber. Aber Carter, wenn er es schafft, *is going to be his own man*.«[22]

James Earl Carter wurde am 1. Oktober 1924 in Plains in Georgia geboren, wo seine Eltern eine Erdnussfarm und kleinere geschäftliche Unternehmungen betrieben. 1943 bis 1946 studierte er an der Naval Academy in Annapolis, diente dann bis 1951 auf verschiedenen Schiffen, arbeitete anschließend an der Entwicklung des Atom-U-Boot-Programms mit und studierte Atomphysik am Union College in Schenectady, New York. Nach dem Tod seines Vaters schied er 1953 im Rang eines Leutnants aus der Marine aus und übernahm die Leitung der elterlichen Erdnussfarm. Er war als »wiedergeborener Christ« tief religiös und als Baptistenprediger tätig. Noch im Wahlkampf 1976 erklärte er gegenüber Journalisten, dass er an manchen Tagen 25 Mal bete. Beim zweiten Anlauf wurde er 1970 zum Gouverneur seines Heimatstaates gewählt, wo er sich als aktiver, reformbereiter politischer Führer profilierte.

Im Juli 1976 wurde er auf dem Nationalkonvent der Demokraten als Präsidentschaftskandidat nominiert. Er gab sich bewusst einfach und volksverbunden und führte einen Wahlkampf unter der Losung: »Anders als bisher«. Er bezeichnete sich als »weder liberal noch konservativ, weder als Rassist noch als religiöser Fanatiker, nicht der Bürokratie Washingtons verpflichtet, aber auch nicht als der typische ›bornierte‹ Südstaatler, im Ganzen aber hauptsächlich ›nicht wie die anderen‹.«[23]

In seinem Wahlprogramm versprach er neue Sozialprogramme, die Wirtschaftskrise zu überwinden, die Arbeitslosigkeit zu reduzieren (7,5 Millionen Amerikaner waren arbeitslos, das waren 7,7 Prozent), den Staatshaushalt auszugleichen, die Bürokratie in Washington zu reduzieren und den Rüstungsetat um 10 Prozent zu senken. Mit einer Stimmenmehrheit von 1,7 Millionen wurde er am 2. November 1976 zum neuen Präsidenten der USA gewählt.

Er kündigte eine Fortsetzung der Entspannungspolitik an, machte aber auch klar, wie er im Mai 1977 gegenüber Helmut Schmidt betonte, dass es nach Watergate nötig gewesen sei, »die moralische Grundlage für die Politik der USA wieder herzustellen«.[24] Von daher stand das Thema Menschenrechte ganz oben auf seiner Agenda. Erst gegen Ende seiner Präsidentschaft musste er sich eingestehen, dass er die sowjetische Reaktion nicht richtig eingeschätzt hatte – sowohl beim Thema Menschenrechte wie auch beim Thema Entspannung.

Am 15. Dezember 1976 wählte der Bundestag Helmut Schmidt mit 250 gegen 243 Stimmen bei einer Enthaltung und einer ungültigen Stimme erneut zum Bundeskanzler. Botschafter von Staden nahm dies zum Anlass, um am 16. Dezember einen persönlichen Brief an Schmidt zu schreiben und ihm zur Wahl zu gratulieren, mit der Bemerkung, dass schon einmal eine knappe Wahl in der Geschichte der Bundesrepublik der »Auftakt einer herausragenden Kanzlerschaft« gewesen sei. Er verband dies mit dem Wunsch, »möchte Ihnen der gleiche Erfolg zuteil werden. Wir werden in den kommenden Jahren eine starke Führung brauchen. Aus meiner Sicht kann ich dazu sagen, dass die Verantwortlichen in Amerika zu der Ihren außerordentliches Vertrauen haben«[25], was mit Blick auf Schmidt so nicht ganz zutraf. Carter war, wie von Staden es selbst formuliert hatte, »ein Mann des langen Gedächtnisses«. Und Schmidt hatte sich im Wahlkampf offen für eine Wiederwahl von Ford ausgesprochen, was man im Wochenmagazin *Newsweek* nachlesen konnte. Das vergaß Carter nicht. Und so stand die Beziehung zwischen den beiden, wie von Staden in seinen Erinnerungen zutreffend schreibt, »von Anfang an nicht unter einem glücklichen Stern«.[26]

Unabhängig davon versuchte von Staden damals in einem Brief an Schmidt eine Analyse der anstehenden Präsidentschaft von Carter. Er war zuversichtlich, dass es eine starke Administration werden würde – mit Carter als sein eigener Außenminister. Nach der politischen und moralischen Erholung unter der Führung von Ford folge nun die wirtschaftlich-soziale unter Carter: »Da dies nicht allein eine Frage der Expertise ist, sondern mindestens ebenso sehr eine des psychologischen Klimas, war die Wahl Carters ein Glück.« Ford habe das Vertrauen der Nation in die Integrität der Präsidentschaft weitgehend wiederhergestellt, nun bedürfe die öffentliche Meinung des Bewusstseins einer starken, zielklaren Führung und eines neuen Beginns, das Carter geben könne. Was er, von Staden, an Entscheidungen und öffentlichen Auftritten bisher gesehen habe, »bestärkt mich in dieser Auffassung«. Von Staden schloss mit den Sätzen: »Auf beiden Seiten des Atlantik gilt nun: Zu neuen Ufern ruft ein neuer Tag. Bitte haben Sie die Gewißheit, daß Ihre Vertretung in Washington an ihrer Stelle nach besten Kräften mitarbeiten wird. […] Ihr anhänglich ergebener Berndt Staden.«[27]

Als Carter am 20. Januar 1977 als 39. Präsident sein Amt antrat, gab es eine zweistellige Inflation in den USA und eine enorme Ölknappheit mit extrem hohen Benzinpreisen. Carter war in der Tat anders als die anderen und ordnete zunächst an, die Thermostate im Weißen Haus so herunterzufahren, dass die Sekretärinnen ihre Arbeit mit Handschuhen verrichten mussten! Das war nur eine der vielen Merkwürdigkeiten des neuen Präsidenten. Anfang März versuchte sich Klaus Blech, Ministerialdirektor und Leiter des Planungsstabs im Auswärtigen Amt, mit einer Analyse der neuen Administration, nachdem erkennbar geworden war, dass Carter fast das gesamte Personal ausgetauscht und mit teilweise völlig unerfahrenen Personen seines Vertrauens besetzt hatte. Carter erhebe den Anspruch, so Blech, »ein starker Präsident zu sein, und demonstriert damit, daß die Vereinigten Staaten die traumatischen Erfahrungen von Vietnam und Watergate hinter sich gelassen haben. Eine neue Ära starker Führung nach innen und außen hat begonnen.«[28]

Was dann eintrat, war das genaue Gegenteil von dem, was Blech vorausgesagt hatte. Helmut Schmidt überschreibt das Kapitel über Jimmy Carter in seinen Erinnerungen mit »Idealismus und Wankelmut«. Carters Ausrüstung habe »aus einem großen Vorrat an gutem Willen, einer beträchtlichen Intelligenz und einem unverkennbaren persönlichen Sendungsbewusstsein bestanden«.[29]

Das waren keine guten Voraussetzungen für die von Schmidt immer wieder eingeforderte Führung der Allianz durch die USA. Führung, so Schmidt zum britischen Premierminister James Callaghan im April 1978, »wird bestimmt von Kontinuität und Voraussehbarkeit«. Und gemessen an diesen Anforderungen »gibt es gegenwärtig Probleme«. Um dann nachzulegen, man wolle sich nicht von Persönlichkeiten, »die erst vor zwölf Monaten neue Ämter angetreten haben, sagen lassen, daß alles, was bisher geschehen sei, nicht richtig und völlig unzureichend war«.

Nach vier Jahren Carter-Administration notierte Verteidigungsminister Hans Apel nach der letzten NATO-Ratstagung am 12. und 13. Dezember 1980 in Brüssel: »Es wird Zeit, daß diese US-Administration verschwindet. Sie handelt chaotisch und dumm.«[30]

Am 4. April 1978 meinte Bundeskanzler Schmidt zum amerikanischen Botschafter Stoessel, in der 29-jährigen Geschichte der Bundesrepublik habe es wohl kaum eine Zeit gegeben, »in der so viele Irritationen aufgetreten seien wie in den letzten 15 Monaten«,[31] d.h. seit Carter Präsident war. Was waren die Gründe für diese Entwicklung?

Begonnen hatte es eigentlich schon im Herbst 1976 mit der öffentlichen Unterstützung Schmidts für eine Wiederwahl von Gerald Ford. Offiziell war das dann zwar kein Thema mehr, inoffiziell allerdings schon. Carter vergaß das nicht. Die Schwierigkeiten begannen dann mit der Verhinderung eines deutschen Atomgeschäfts mit Brasilien mit einem Auftragsvolumen von rund 20 Milliarden D-Mark.[32] Dann die Neutronenbombe, deren Wirkung auf der Freisetzung einer tödlichen Neutronenstrahlung beruhte, während die Zerstörung durch Hitze und Druckwellen minimiert wurde und deren Produktion Carter ankündigte. In der Bundesrepublik begann daraufhin eine heftige Debatte. Angestoßen wurde sie durch Egon Bahr, der die Bombe in der SPD-Zeitung *Vorwärts* eine »Perversion des Denkens« nannte.[33] Anfang 1978 sprach sich der Bundessicherheitsrat für die Ausrüstung der Bundeswehr mit dieser neuen Waffe aus. Darüber kam es fast zum Bruch in der SPD-Führung. Nachdem Schmidt Willy Brandt und Herbert Wehner über die

Entscheidung unterrichtet hatte, seien diese, so Schmidt zu Botschafter Stoessel, »grußlos in die Osterferien abgereist«.[34] Und dann widerrief Carter seine Entscheidung – zur Empörung von Schmidt.

Schmidt vermisste unter Carter die Führung der Allianz durch die USA[35], die er dann zeitweise übernahm. Er überzeugte Carter von der Notwendigkeit der westlichen Nachrüstung. Am 12. Dezember 1979 beschlossen die Außen- und Verteidigungsminister der NATO in Brüssel den aus zwei Teilen bestehenden, inzwischen berühmten NATO-Doppelbeschluss. Im ersten Teil ging es um die Modernisierung der Mittelstreckenwaffen des Bündnisses in Europa – Stationierung von 108 Pershing II-Raketen und 464 bodengestützte Marschflugkörper (Cruise Missiles) –, im zweiten Teil um ein damit verbundenes Rüstungskontrollangebot an die Sowjetunion.[36]

Am 10. Januar 1980 meinte Schmidt zu Botschafter Stoessel mit Blick auf diesen Beschluss, da hätten die Europäer »großen Mut« gezeigt. Das sei so, »als wenn man die Minuteman-Raketen zwischen Boston und Philadelphia stationiere«. Der Botschafter drückte Schmidt gegenüber seine Bewunderung für die Art und Weise aus, in der der Kanzler diesen Beschluss innerhalb seiner Partei durchgesetzt habe.[37]

Für Schmidt lagen die Fehler, Versäumnisse und Wankelmütigkeit der amerikanischen Politik zum Teil direkt bei Carter. Aus der Rückschau erschien Schmidt »am Erschreckendsten«, dass Carter seine Bewertung der Sowjetunion »in weniger als vier Jahren weitgehend änderte«.[38] Die Fehleinschätzung der UdSSR begann bei Carter sehr früh: Er stoppte die Produktion des B-1-Bombers, mit der sich die Sowjetunion bereits abgefunden hatte – ohne Gegenleistung. Ende März 1978 dann Stopp der Neutronenwaffe – in der Hoffnung auf sowjetische Gegenleistung. Dann die Blauäugigkeit beim Thema Menschenrechte. Schmidt warnte Carter an einer Stelle, man solle die Menschenrechte nicht nutzen, »um Systeme zu destabilisieren, sondern um die tatsächliche Lage der Menschen zu fördern«.[39]

Ähnliche Schwierigkeiten gab es in der Wirtschaftspolitik. Schmidt hegte größte Skepsis gegenüber einigen Personen in Washington. Er sagte den Amerikanern immer wieder sehr deutlich, dass die Unruhe in der Weltwährungspolitik zu einem wesentlichen Teil durch die »Vervielfachung der Ölrechnung« der USA und die damit verbundene starke Abwertung des Dollars verursacht sei. Der Dollar hatte 1978 mit 2,15 DM den niedrigsten Stand seit 1948 erreicht. Die Forderung der Amerikaner, die Bundesrepublik müsse die Führung in Westeuropa übernehmen, wies Schmidt zurück. Die Sensibilität der anderen europäischen Staaten gegenüber der Bundesrepublik mache dies »unmöglich. Eine Führungsaufgabe unter den westlichen Industriestaaten kann allein von den USA übernommen werden. Aber auch für die USA gilt es, diese Führung zwar faktisch auszuüben, sie aber nicht demonstrativ zu zeigen.«[40]

Dies war eine Erwartung, die Carter nach Schmidts Überzeugung nicht erfüllte.

Für Botschafter Berndt von Staden blieb Carter »ein Rätsel«, wie er im September 1978 an Genscher schrieb. In diesem persönlichen Schreiben an den Bundesminister lieferte der Botschafter ein interessantes Psychogramm des amerikanischen Präsidenten: »Er ist stolz und empfindlich und kann in camera caritatis offenbar recht scharf werden, reagiert dann aber wieder mit fast übermenschlicher Toleranz und Sanftmut. Er konsultiert den Kongreß inzwischen unentwegt und wird doch nicht warm mit ihm. Er zeigt sich in seinen Pressekonferenzen glänzend informiert und spricht druckreif, mit höchster Konzentration. Eine brillante intellektuelle Leistung. Dennoch wirkt er irgendwie schmächtig und unpersönlich.

Das Letzte dürfte das eigentliche Geheimnis und die Tragödie des Mannes sein. Dieser Mann ist ›aloof‹, d.h. irgendwie fern und vollkommen uncharismatisch. Im Grunde ist er, was die Amerikaner einen ›loner‹ nennen, ein Einzelgänger. Ein alter Herr, der unter Truman Under Secretary of the Navy war, sagte mir noch gestern: Der junge Carter galt als ein fähiger Marineoffizier, aber er gehörte nie so ganz dazu, er wurde nicht eigentlich ›a naval person‹. Ähnliches galt ja auch von Carter als Gouverneur; seine Kollegen mochten ihn im Grunde nicht und empfanden ihn als fremd. Daß Carter aus Fehlern rasch lernt und Zeit braucht, bis er im Sattel sitzt, daß die Zahl seiner Fehler abnehmen wird, daran ist nicht zu zweifeln. Aber seine Persönlichkeitsstruktur dürfte sich nicht ändern. Am Ende mag dieses Land einen kompetenten, aber glücklosen Präsidenten haben.«

Nach Meinung von Stadens blieben die Chancen für eine Wiederwahl Carters 1980 »weit offen«, warnte aber gleichzeitig vor »vorschnellen pessimistischen Urteilen über die Administration Carter. Wir haben die Chance«, so in seinem Schreiben an Genscher im September 1978, »daß dieser Präsident [...] weder provinziell empfindet, noch nationalistisch denkt, noch Scheuklappen trägt. Wir haben einen Partner, mit dem wir uns intellektuell verständigen können, der uns begreifen und auf uns Rücksicht nehmen will. Wir haben damit jede Chance, dort zu helfen, wo er Schwächen zeigt. Es gibt viele, die schlechter wären.«[41]

Als Carter wenige Wochen später diplomatische Beziehungen mit der Volksrepublik China herstellte, meinte von Staden, diese Entscheidung zeige – »und nicht zum ersten Mal –, daß es Carter an Entschlossenheit und politischem Mut nicht fehlt. Die Problematik seiner Außenpolitik liegt eher in den Bereichen der konzeptionellen Kohärenz, der Stetigkeit und damit der Kalkulierbarkeit.«[42] Für Schmidt war Carter, wie er in seinen Erinnerungen schreibt, ein »Moralist«. Carter und sein nationaler Sicherheitsberater Brzezinski, »überschätzten in gleicher Weise die Gestaltbarkeit der Welt durch bloße Entscheidungen im Weißen Haus«. Und es kam noch etwas hinzu, was Schmidt nach den Erfahrungen mit Gerald Ford fast schon persönlich nahm: »Carters Vorstellung von der Überlegenheit seiner moralischen Position und seine Überschätzung der Gestaltbarkeit der internationalen Politik, kombiniert mit der Neigung Brzezinskis, sich als Vertreter der Weltmacht ohne viel Aufhebens über die Interessen der deutschen Verbündeten hinwegsetzen zu können: etwas Vergleichbares hatte es im Verhältnis zwischen Washington und Bonn seit Johnsons Umgang mit Erhard nicht mehr gegeben.«

Wie tief das bei Schmidt ging, wird in folgendem Satz deutlich: »Später gewann ich den deprimierenden Eindruck, daß Leonid Breschnew meine Besorgnisse besser verstehen konnte als Jimmy Carter.«[43]

4. Dissonanzen zwischen Schmidt und Carter

Am 4. November 1979 besetzten etwa 400 Studenten im Zuge der islamischen Revolution im Iran die amerikanische Botschaft in Teheran und nahmen 58 US-Botschaftsangehörige als Geiseln (von denen dann sechs entkommen konnten). Die Besetzer forderten die Auslieferung des am 16. Januar außer Landes gegangenen Schahs, der sich seit dem 22. Oktober zur medizinischen Behandlung in den USA aufhielt. Carter stand nicht nur wegen der Geiseln unter Druck, sondern vor allem auch durch die am 27. Dezember erfolgte sowjetische Invasion Afghanistans. Als erste Reaktion darauf sagten die USA ihre Teilnahme an den im Sommer in Moskau stattfindenden Olympischen Spielen ab.

»Der Westen«, so Bonns NATO-Botschafter Rolf Pauls auf die sowjetische Invasion, »muß jetzt eine Linie ziehen, die nicht mehr überschritten werden darf.« Er beschwor die Gefahr, dass das gesamte nahöstliche Öl, »einschließlich des saudischen«, unter sowjetische Kontrolle geraten und die Sowjetunion dann »Europa lahmlegen« könne.[44]

Am 5. März hatte Schmidt Gelegenheit, mit Carter die Dinge direkt in Washington zu besprechen, wo der Präsident, wie er meinte, »begierig« war, Schmidts Rat zu hören. Die »wichtigste Frage« sei die Teilnahme an den Olympischen Spielen; sie sei »emotional aufgeladen. Die amerikanische öffentliche Meinung fühle sich in dieser Frage allein gelassen. Wir bitten Sie«, so Carter zu Schmidt, »sich uns jetzt anzuschließen«. Der machte deutlich, dass ihm ein Boykott nicht zusage; damit würden die innerdeutschen Sportbeziehungen zerstört, die in zehn Jahren aufgebaut worden seien; aber auch andere Erleichterungen wie der innerdeutsche Reiseverkehr, der acht Millionen Besucher in der DDR jährlich ermögliche, könnten aufhören. Auch die Repatriierung, die man in zehn Jahren aufgrund von Vereinbarungen entwickelt habe und die 250 000 Deutsche in Osteuropa in den Genuss der vollen Menschenrechte in der Bundesrepublik gebracht habe, könnte zum Erliegen kommen. Zuvor hatte er die Formulierung wiederholt, die er in der Regierungserklärung am 28. Februar abgegeben hatte, wonach die Bundesregierung dabei bleibe, dass es an der UdSSR liege, die Voraussetzungen für eine Teilnahme von Mannschaften aller Staaten an den Olympischen Sommerspielen in Moskau zu schaffen. Diese Voraussetzungen seien »gegenwärtig nicht gegeben, vielleicht sollte man auch formulieren: noch nicht gegeben«.

Im weiteren Verlauf des Gespräches fragte Carter dreimal, was man denn tun solle, um die Sowjets zum Rückzug aus Afghanistan zu veranlassen. Die jeweiligen Antworten von Schmidt waren für Carter offensichtlich nicht überzeugend. Schmidt: Man brauche »Druck und Anreiz«. Und weiter: »Was soll geschehen, wenn die Olympischen Spiele vorüber sind und

Vom 13.–17. Juli 1977 besucht US-Präsident Jimmy Carter die Bundesrepublik; hier mit Bundeskanzler Helmut Schmidt in Bonn. Zwischen beiden stimmt die »Chemie« nicht. Schmidt über Carter: »Idealismus und Wankelmut.« Für Botschafter Berndt von Staden ist Carter der »Mann des langen Gedächtnisses« mit der »evasiven Persönlichkeit« und dem »icy flash in his eyes«.

die Sowjetunion steht noch in Afghanistan?« Auch gebe es Maßnahmen, die auf einen selbst zurückschlagen würden, zum Beispiel Beschränkungen im Handel mit der Sowjetunion. Als Carter zum dritten Mal fragte, was er tun solle, meinte Schmidt, man müsse gemeinsam auf der Grundlage einer einheitlichen Strategie handeln und die westliche Verteidigungskraft stärken. Carter kam dann noch einmal auf die Olympischen Spiele zurück und meinte, er empfinde sehr stark (*very deep feelings*), dass die USA »de facto allein stünden«. Er glaube jedenfalls nicht, »daß sich die Sowjets aus Afghanistan zurückziehen würden«.[45]

Schmidt schreibt in seinen Erinnerungen, bei diesem Satz sei ihm klar geworden, dass es Carter »lediglich um innenpolitisches Prestige« ging. Er jedenfalls beschloss, keine weiteren

Zugeständnisse mehr zu machen. Und weiter: »Ich verließ Washington in dem bedrückenden Bewußtsein, daß die westliche Führungsspitze sich ihres eigenen Kurses nicht sicher war, ihn vielmehr von Tag zu Tag neu bestimmte, und daß man sich deshalb auf die Stetigkeit dieses Kurses nicht verlassen konnte.«[46]

Im Geiseldrama ergriff Carter am 25. März die Initiative. Er teilte Schmidt mit, dass er Wirtschaftssanktionen gegen den Iran verhängen und alle iranischen Diplomaten aus den USA ausweisen würde, dazu auch iranische Schulden mit den eingefrorenen iranischen Auslandsguthaben begleichen wolle. In seiner Antwort warnte Schmidt, »zum gegenwärtigen kritischen Zeitpunkt könnten überstürzte Aktionen eine kontraproduzente Wirkung haben«. Bei einem zu harten Vorgehen riskiere man eine zusätzliche Gefährdung der Geiseln und eine krisenhafte Verschärfung der Spannung in der Region. Ein verstärktes amerikanisches Engagement könnte eine sowjetische Reaktion auslösen, »deren Auswirkungen schwer zu übersehen sind. Genau das sollten wir vermeiden«.[47]

Einige Tage später, am 15. April, telefonierte er 20 Minuten mit Carter. Er informierte Carter über die Entscheidung der Bundesregierung, dem Nationalen Olympischen Komitee zu empfehlen, nicht nach Moskau zu gehen. Carter: »Eine gute Nachricht.« Am Wirtschaftsboykott gegen die Sowjetunion werde sich Bonn allerdings nicht beteiligen, denn, so Schmidt, »als Deutscher, der in der Hitlerzeit aufgewachsen ist, fühle ich eine besondere moralische Verpflichtung, keine Verträge zu brechen«. Zum Schluss des Telefonats ging er noch auf eine Bemerkung ein, die er im Wahlkampf gemacht hatte und die von der Überlegung ausgegangen sei, dass es vielleicht möglich sei, Verhandlungen auf der Grundlage eines Zwischenabkommens der Großmächte zustandezubringen, »jedenfalls bis 1982 keine neuen Mittelstreckenwaffen zu dislozieren. Der Westen kann das sowieso nicht, da die Produktion dieser Waffen noch bis zu drei Jahre in Anspruch nimmt. Für die Sowjetunion könne hierin eine gewisse Gesichtswahrung liegen, wenn sie bereit sei, ihrerseits keine zusätzlichen SS-20 zu dislozieren. Beide Seiten könnten dann unter dem Anschein einer gleichgewichtigen Vereinbarung mit Verhandlungen beginnen.«

Auf den Einwurf von Carter, dass man mit Rücksicht auf die »wacklige Haltung der Italiener und Belgier« jeden Anschein vermeiden müsse, an den Entscheidungen vom 12. Dezember – NATO-Doppelbeschluss – zu rütteln, betonte Schmidt, dass er diese Vorstellungen selbstverständlich nur im Rahmen der Dezemberentscheidungen entwickelt habe, für deren Zustandekommen er sich ja gerade mit besonderem Engagement eingesetzt habe. Er selbst würde sehr ärgerlich werden, wenn jemand versuchen würde, die Dezemberentscheidungen in Frage zu stellen.[48]

Und dann wollte Carter das Geiseldrama mit militärischer Gewalt lösen. Ein Kommandounternehmen scheiterte in der Nacht vom 24. auf den 25. April 1980. Botschafter Peter Hermes berichtete aus Washington: »Die Nachricht von der fehlgeschlagenen Rettungsaktion zur Befreiung der amerikanischen Geiseln in Teheran hat in Washington wie ein Schock gewirkt. In ersten Reaktionen haben sich wichtige Politiker beider Parteien spontan hinter den Präsidenten gestellt und betont, es komme in dieser Stunde darauf an, nationale Einigkeit zu zeigen.«

Und der Militärattaché an der deutschen Botschaft in Washington, Kapitän zur See Uwe Radicke, kam in seiner Analyse zu dem Schluss: »Dem Selbstbewußtsein der Streitkräfte war der Mißerfolg abträglich, weil die USA sich gerade in den bisherigen Domänen Materialumfang, hoher Technologie und Planungsvermögen nicht beweisen konnten.«[49]

In jedem Fall war nach diesem gescheiterten Unternehmen klar, dass die Chancen Carters für eine Wiederwahl im Herbst rapide gesunken waren. Offensichtlich war es so, wie auch der britische Außenminister Lord Carrington Margaret Thatcher mitteilte – und die das dann an Schmidt weiterleitete –, dass die Politik Carters in einem Ausmaß, das sie als beängstigend empfand, von Wahlüberlegungen bestimmt sei. Den Zusammenhang der Iran-, Afghanistan- und Nahostkrise »habe man in Washington aber noch nicht erfaßt; sogar im State Department sehe man ihn nicht deutlich genug«.[50] Das war genau auch Schmidts Meinung von der Politik in Washington.[51] Dennoch blieb er der Sachwalter der USA und setzte sich für die Sanktionen gegen den Iran ein, und dies trotz seiner Zweifel an deren Nutzen für eine Befreiung der Geiseln. Aber, so Schmidt zum italienischen Ministerpräsidenten Craxi: »Man sollte die USA nicht noch tiefer enttäuschen. Im übrigen besteht die Gefahr, daß bei einer Verschiebung der wirtschaftlichen Sanktionen es binnen kurzem zu einer Androhung militärischer Sanktionen kommen könnte. Europa muss alles daran setzen, um eine mäßigende Wirkung auf die USA auszuüben.«[52]

Und dann geschah das, was zum endgültigen Bruch zwischen Schmidt und Carter führte. Am 14. Mai trafen sich die NATO-Verteidigungsminister zu einer Besprechung in Brüssel. Bei der Gelegenheit nahm der amerikanische Minister Harold Brown Minister Apel am Tag zuvor zur Seite und eröffnete ihm unter vier Augen, dass Carter wohl kaum mehr eine faire Chance habe, die Wahlen im November zu gewinnen. Und dann kam es: »Das liegt nicht zuletzt daran, daß im amerikanischen Volk der Eindruck besteht, als sei Carter zwar ein aufrichtiger und netter Mensch, aber nur in Grenzen fähig, sein Amt auszufüllen. Dieser Eindruck wird nicht zuletzt vom Ausland her geprägt. Eine unübersehbare Rolle spielt dabei der deutsche Bundeskanzler.«

Brown bat daher darum, in den nächsten Monaten weitere Einwirkungen auf den inneramerikanischen Wahlkampf zu unterlassen, um so mehr, als nicht auszuschließen sei, dass als

Reaktion darauf auch in den bundesdeutschen Wahlkampf eingewirkt werden könne, »und das wäre sicherlich auch von Übel. Es kommt darauf an, die echte und tatsächlich bestehende Solidarität zwischen den USA und der Bundesrepublik auch nach außen deutlich sichtbar zu machen.« Apel wies logischerweise die angeblichen Bemerkungen Schmidts zur Person des Präsidenten zurück und wies darauf hin, dass gerade in den letzten Wochen in Worten wie in Taten in einem besonderen Maße die Freundschaft und Verbundenheit mit der Politik des amerikanischen Präsidenten unter Beweis gestellt worden sei. Dennoch: Brown ließ durchblicken, dass er auch im Auftrag Carters sprach. Er ging davon aus, dass Apel dem Kanzler von diesem Gespräch berichten würde, und äußerte Apel gegenüber die Überzeugung, »daß Du der wichtigste Politiker der Allianz bist und es deshalb auf Dein Wort und Deine Grundhaltung auch in Amerika besonders ankommt«.

Apel schickte diesen Brief am 14. Mai an Schmidt, der außer sich war. Er habe diesen Brief »sehr ernst genommen, weil ich die darin gemachten Mitteilungen als eine Drohung empfunden habe. So waren sie wohl auch gemeint«, wie er es in seinem Antwortschreiben an Apel formulierte. Apel solle dem Verteidigungsminister mitteilen:

»a) Unsere amerikanischen Freunde mögen sich einen Überblick darüber verschaffen, welche ihrer Bündnispartner in Europa sich auf wortkräftige Ankündigungen beschränken, es aber an Taten fehlen lassen, wenn es zum Schwur kommt. Die beiden Komplexe Olympia und Iran-Sanktionen legen in überzeugender Weise dar, daß die Bundesrepublik immer dann, wenn es ernst wird, an der Seite der Vereinigten Staaten zu finden ist. Dabei haben andere Länder wesentlich bessere Voraussetzungen als die Bundesrepublik bezüglich ihrer parlamentarischen Mehrheitsverhältnisse, politische und gesetzliche Maßnahmen durchzusetzen.

b) Der Bundeskanzler ist deshalb irritiert wegen des Mißtrauens, das diesen Mitteilungen zugrundeliegt. Du solltest Brown auch in Erinnerung bringen, daß der Bundeskanzler auf dem Parteitag seiner Partei seine politische Existenz aufs Spiel gesetzt hat, um den Beschluß über das Mittelstreckenproblem herbeizuführen. Der Erfolg sei ihm dabei nicht versagt geblieben.
c) Im übrigen hätten wir seit geraumer Zeit Hinweise darauf, daß eine Unterstützung unserer parlamentarischen Opposition im Wahlkampf durch politische Kräfte der Vereinigten Staaten im Gange sei. Es wäre gut, wenn die amerikanische Seite dieser Entwicklung Einhalt gebieten könnte. Eine klare Analyse der tatsächlichen Verhältnisse im Bündnis sollte dies nahelegen.«[53]

Carter ging dann den entscheidenden einen Schritt zu weit. In einem unpersönlichen Fernschreiben an Schmidt vom 12. Juni, das sofort in Washington veröffentlicht wurde, wies er auf »widersprüchliche Presseberichte« hin , wonach Schmidt die Sowjets aufgerufen habe, für einen bestimmten Zeitraum keine weiteren Mittelstreckenwaffen zu stationieren. Dazu Carter: »Die USA werden auf gar keinen Fall einen Vorschlag für ein freeze-Moratorium oder einen Verzicht neuer Mittelstrecken akzeptieren, auch nicht für einen begrenzten Zeitraum. [...] Ein fortschreitendes Durcheinander in dieser Frage wird nur die alliierte Solidarität in dieser wichtigen Sicherheitsfrage unterminieren und schwerwiegende Konsequenzen für die Zukunft der Allianz haben.«[54]

Für Schmidt war das eine, wie er in seinen Erinnerungen schreibt, »offene Rankünе«. Er war jedenfalls zutiefst beleidigt und sann auf Vergeltung. Gelegenheit dazu bot der anstehende G7-Gipfel in Venedig. Schmidt hatte sich dafür nach eigener Aussage »nach der Demütigung vom 12. Juni eine ungewöhnliche Härte vorgenommen«. Auf dem Weg zur Tagung geriet er in eine »beinahe euphorische Stimmung«. Auch politisch fühlte er sich gut, »vor allem aber hatte ich verstanden, daß Carter aus innenpolitischen Gründen inzwischen weit mehr auf mein Wohlverhalten angewiesen war als ich auf das seine; denn sein Prestige zu Hause und in der Welt war angeschlagen, das meine nicht«.[55]

Was dann von Schmidt kam, war nicht gerade *statesmanlike*, aber entsprach der Stimmung des Kanzlers.

Berndt von Staden, der mit dabei war, schildert die Szene in seinen Erinnerungen so: »Der Präsident ist wenig verändert, aber er sieht nicht ganz so abgespannt aus wie Mitte März. Kurze Eingangsworte, dann beginnt der Kanzler. Wie immer tut er genau das, was er sich vorgenommen hat. Er erspart dem Präsidenten nichts. Vierzig Minuten lang hält er ihm alles vor, was er auf dem Herzen hat, im Ton ruhig, in der Sache fest, streckenweise hart. Man spürt, wie tief verstimmt, ja verletzt er ist.«[56]

Über das Gespräch zwischen Schmidt und Carter unter Teilnahme der Außenminister Genscher und Edmund Muskie sowie in Begleitung von Brzezinski und von Staden liegt außerdem das umfangreiche Protokoll von Stadens vor. Es ist in indirekter Rede geschrieben, Schmidt machte in seinen Erinnerungen daraus eine direkte Rede über beinahe sechs Seiten (das Protokoll umfasst elf Seiten). Er griff all jene Punkte auf, über die er sich mit Blick auf Carter über die Jahre mehr und mehr geärgert hatte, von der Aufgabe des B-1-Bombers, der Entscheidung über die Nichtproduktion der Neutronenwaffe, die er, wie er später einmal meinte, als »Dolchstoß« empfunden hatte. Er habe bei der Neutronenwaffe Wort gehalten, genauso wie beim NATO-Doppelbeschluss (»mit dieser Idee verheiratet«), bei dem er seine »politische Existenz aufs Spiel gesetzt habe«. Er fühle sich beleidigt, wenn irgendjemand denke, dass er sein Wort nicht halte. »Es könne keinem vernünftigen Zweck dienen, wenn man den einzigen Alliierten, der immer seine Zusagen einhielt, beleidige.« Er spreche hier sehr offen und ohne Notizen in einer fremden Sprache, in der Sprache des Präsidenten klinge es vielleicht weniger hart. »Aber es hat keinen Sinn, sich hinter dem Busch zu verstecken.«

In seinen Erinnerungen gesteht Schmidt auch, dass ihm die Auseinandersetzung mit Carter »viel wichtiger als der sachliche Inhalt des am nächsten Tag beginnenden Weltwirtschaftsgipfels war«. Von Staden beschreibt die Reaktion Carters so: »Der Präsident nimmt diese ungewöhnliche Standpauke in ausgezeichneter Haltung hin. Er lächelt, obwohl ihm sicher nicht danach zumute ist, widerspricht an einigen Stellen, verzichtet aber im Großen und Ganzen auf eine Verteidigung und wiederholt zweimal die bezeichnende Bemerkung, daß er den Brief gebilligt habe. Auch Muskie behält seine Ruhe, nur das Wippen seines rechten Fußes verrät Nervosität. Brzezinski schweigt und macht einige Notizen. Nachher wird er mir sagen, daß Carter innerlich sehr erregt gewesen sei und sich nur mühsam beherrscht habe.«[57]

Zutreffend blieb von Stadens Folgerung: »Dieses Verhältnis läßt sich zwar unter Kontrolle bringen. Zu einem guten läßt es sich aber nicht mehr machen.«[58] So war es in der Tat. Schmidt sah Carter als Präsident nur noch einmal, am 20. November im Weißen Haus, nachdem Ronald Reagan die Wahl gewonnen hatte. In seinen Erinnerungen schreibt er dazu: »Der Abschiedsbesuch bei Carter verlief angenehm. Seine südstaatliche Gastfreundschaft und seine persönliche Freundlichkeit bestimmten die Atmosphäre«, um ein paar Seiten weiter nachzukarren: »Carter hatte tatsächlich über keine eigene Gesamtstrategie verfügt.«[59]

Sein Nachfolger, Ronald Reagan, hatte eine. Und als der am 20. Januar 1981 vereidigt wurde, wurden auch die 52 Geiseln in Teheran freigelassen – eine weitere Demütigung Carters.

5. Ronald Reagan

Im September 1978 unterlief dem erfahrenen deutschen Botschafter in Washington, Berndt von Staden, mit Blick auf die amerikanische Präsidentenwahl 1980 eine kolossale Fehleinschätzung. Carter würde seiner Meinung nach wohl von den Demokraten nicht mehr als Kandidat aufgestellt werden, »wenn es den Republikanern gelingen sollte, einen wirklich überzeugenden Kandidaten aufzustellen – und dazu müßte Reagan als frontrunner schleunigst abgelöst werden. [...] Aber wo sollten die Republikaner den überzeugenden Mann hernehmen?«[60]

Da es anscheinend keinen gab, war mit der Wiederwahl Carters zu rechnen. Und trotz aller Probleme mit diesem war es denn auch Helmut Schmidt, der öffentlich dessen Wiederwahl befürwortete. Auf Reagan musste man seiner Meinung nach offensichtlich keinerlei Rücksicht nehmen.

In Vorbereitung seiner Präsidentschaftskandidatur besuchte Reagan im November 1978 die Bundesrepublik und West-Berlin. Helmut Kohl schreibt im ersten Band seiner Erinnerungen, die Bundesregierung habe es im Unterschied zu ihm abgelehnt, »diesen scheinbar alten Mann aus dem Westen der USA überhaupt zu empfangen«. Für Schmidt und Genscher war Reagan nur ein ehemaliger mittelmäßiger Schauspieler, den man vernachlässigen konnte. Es sollte nicht lange dauern, bis sie ihren Irrtum bemerkten. Reagan war nämlich mehr, viel mehr.

Ronald Wilson Reagan wurde am 6. Februar 1911 in Tampico, Illinois, geboren und wuchs in ärmlichen Verhältnissen im mittleren Westen auf. Seine Vorfahren stammten väterlicherseits aus Irland, sein Vater arbeitete als Schuhverkäufer. 1937 erhielt Reagan in Hollywood bei der Filmgesellschaft *Warner Brothers* einen Vertrag und spielte in den folgenden Jahren bis Anfang der 1960er Jahre Rollen in über 50 Filmen und TV-Serien, zumeist aus dem Western-Genre. Im Zweiten Weltkrieg diente er von 1942 bis 1945 im *Army Air Corps* und verließ die Armee als Hauptmann. In Hollywood war er als Präsident der *Screen Actors Guild*, der Filmschauspielergewerkschaft, tätig. 1962 wurde er Mitglied der Republikanischen Partei und wurde im November 1966 zum Gouverneur von Kalifornien gewählt. Nach der Wiederwahl bewarb er sich 1976 für die Präsidentschaftskandidatur, unterlag da allerdings dem amtierenden Präsidenten Gerald Ford. Anfang 1980 bewarb er sich erneut.

Im Mai 1980 schien seine Nominierung fast sicher: er würde höchstwahrscheinlich gegen Carter antreten. Was die Bundesrepublik und Europa bei einem Wahlsieg Reagans zu erwarten hatte, formulierte der demokratische Verteidigungsminister Harold Brown gegenüber Hans Apel am 13. Mai 1980 so: »Reagan ist ein gefährlicher Mann. Er hat zwar einen schnellen Verstand und kann sich schnell neuen Situationen anpassen. Das darf aber niemanden darüber hinwegtäuschen, daß er nicht nuanciert denken und handeln kann. Das wird sich insbesondere in der Außen- und Sicherheitspolitik deutlich herausstellen. Mit Reagan wird eine Politik einseitiger militärischer Aktionen einhergehen. Die Phase von Verteidigungsfähigkeit und Entspannungspolitik als die beiden Elemente gemeinsamer Sicherheitspolitik wird beendet sein. Dies muß die Schwierigkeiten zwischen den USA und Europa verstärken. Das Ergebnis kann eine US-Politik des Rückzugs auf die ›Festung Amerika‹ sein. Europa kann deshalb kein Interesse an dieser Alternative haben.«[61]

Das außenpolitische Programm der Republikanischen Partei schien diese Befürchtungen zu bestätigen. Das Auswärtige Amt sah das zwar ähnlich, aber: »Der Reagan nachgesagte Pragmatismus schließt Änderungen und Anpassungen nicht aus.«[62] Reagan wurde dann auf dem Parteikongress der Republikanischen Partei am 16. Juli 1980 in Detroit zum Präsidentschaftskandidaten nominiert. Am 4. November 1980 gewann er die Wahl.

Reagan war ein Präsident, der zur rechten Zeit nach dem Vietnamdesaster telegen und mit großer Rhetorik die Herzen und Gefühle vieler Amerikaner gewann und ihnen ihr Selbstwertgefühl zurückgab. Er war der *Great Communicator* und wurde zum beliebtesten amerikanischen Präsidenten seit 1945. Spätere amerikanische Biografen stellten ihn in eine Reihe mit Abraham Lincoln und F. D. Roosevelt.

So wie Lincoln und Roosevelt beendete auch Reagan einen Krieg erfolgreich, den Kalten Krieg. Er wollte diesen Krieg gewinnen. Das war seine Gesamtstrategie, die Helmut Schmidt so sehr bei Carter vermisst hatte. Reagan bekämpfte die Sowjetunion – das »Reich des Bösen«, wie er im März 1983 einmal öffentlich formulierte – in großem Stil.

Aber – und das ist wichtig: er war kein simpler kalter Krieger. Er wollte diesen Krieg, wenn es ging, diplomatisch beenden. Und dafür brauchte er einen Partner. Der bot sich mit Michail Gorbatschow an. Im Zusammenspiel mit ihm wurde Reagan zum großen Politiker. Das erste Treffen der beiden fand im November 1985 in Genf statt. Das einzige Ergebnis war die Übereinkunft, den Dialog fortzusetzen und die Beziehungen zu verbessern. Das nächste Treffen fand ein Jahr später, im Oktober 1986, in Reykjavik statt. Gorbatschow legte ein detailliertes Abrüstungsprogramm vor, es ging um die Reduzierung der strategischen Waffen und Abschaffung aller strategischen Atomwaffen innerhalb von zehn Jahren.

Das war für den Anfang wohl zuviel. Aber ein Jahr später wurde der erste, wahrhaft historische Schritt getan: Am 8. Dezember 1987 unterschrieben Reagan und Gorbatschow in Washington den INF-Vertrag (*Intermediate Range Nuclear Forces*), mit dem sämtliche Mittelstreckenraketen in Europa abgebaut werden sollten. Als Reagan Ende Mai/Anfang Juni 1988 Moskau besuchte, gab es eindeutige Hinweise darauf, dass der Kalte Krieg beendet werden konnte. Als Reagan gefragt wurde, ob er die Sowjets immer noch als das »zentrale Übel der modernen Welt« betrachte, antwortete er: »Sie haben sich verändert.«

In der Rückschau wird deutlich, dass Reagan nicht nur die Herzen und Gefühle vieler Amerikaner gewinnen konnte, sondern in der Tat ein großer Präsident war. Von seinen Landsleuten wurde er im Jahr 2005 nicht umsonst zum *Greatest American* gewählt.[63]

Und er war ein großer Freund der Deutschen.

Am 20. November 1980 kam es zu einem ersten Treffen zwischen Schmidt und *President-Elect* Reagan[64] in Washington. Das Gespräch dauerte etwa 50 Minuten. Reagan versprach gleich zu Beginn »mehr Konsultation und weniger Überraschungen«. Und weiter: »Ich werde mit der Sowjetunion verhandeln, nicht nur über eine Begrenzung, sondern auch über einen Abbau der Rüstung, und zwar so lange, wie es notwendig ist, um ein Ergebnis zu erreichen.« Schmidt bat, dies die Sowjetunion sobald wie möglich wissen zu lassen.[65] Schmidt erinnerte sich: »Genscher und ich flogen beruhigt und befriedigt nach Bonn zurück.«[66]

Am Abend des 21. Januar 1981, einen Tag nach seiner Inauguration, rief Reagan Schmidt an, um, wie Schmidt notierte, »seiner Vorfreude auf enge Zusammenarbeit Ausdruck zu geben. Er schilderte die sehr befriedigende Bestätigung Haigs [als Außenminister] durch den Senat, wies auf dessen Hearings hin und drückte die Hoffnung aus, bald in amtlicher Eigenschaft mit mir zusammenzutreffen. Im Augenblick müsse er allerdings noch erst lernen, wo sich alle Druckknöpfe befänden. Ich wiederholte meine Glückwünsche zur Inauguration und – an die amerikanische Nation – zur Geiselbefreiung.«[67]

Am nächsten Tag sprach Schmidt in Bonn mit dem scheidenden amerikanischen Botschafter Stoessel und berichtete über das Telefonat Reagans, das eher »der Höflichkeit und Kontaktaufnahme, nicht aber operativen Zwecken gedient habe«. Auf die Frage Stoessels nach dem Stand der innenpolitischen Erörterungen betr. NATO-Doppelbeschluss antwortete Schmidt, er habe die SPD-Fraktion »in starken Worten« darauf hingewiesen, dass jeder, der jetzt versuche, den Beschluss in Frage zu stellen, »die Allianz gefährden würde«.

Zusammenfassend unterstrich Schmidt dann zwei Dinge, nämlich

1. Zweiter Teil des Doppelbeschlusses. Die amerikanische Regierung müsse auch den zweiten Teil ernst nehmen und dies auch öffentlich zeigen. Wenn die Amerikaner am zweiten Teil festhielten, sei er, Schmidt, auch in der Lage, am ersten festzuhalten. Der Doppelbeschluss könne nur in seinen beiden Teilen durchgesetzt werden, nicht nur in einem.
2. Notwendigkeit offener direkter Konsultationen der Amerikaner mit den Europäern. Das hätten Reagan und Haig am 20. November »ernsthaft und ehrlich« herausgestellt. Dafür könne er nur danken, um dann noch einmal die Bedeutung von Vorhersehbarkeit und Konsultation zu betonen. Er habe die Entwicklung im Zusammenhang mit der Einführung der Neutronenwaffe »in allerschlimmster Erinnerung«. Die negative Entscheidung Carters habe er als »eine Art Dolchstoß« empfunden.

Stoessel bestätigte, dass diese Entscheidung »den Kanzler so tief getroffen habe, daß er wie betäubt war«. Dann wurde Schmidt wieder ganz Militär und ging noch einmal auf die Neutronenwaffe ein: »Wenn die Sowjets sie haben, muß der Westen sie auch haben.«[68]

Für den 21. und 22. Mai waren Gespräche zwischen Schmidt und Reagan im Weißen Haus angesetzt. Diese verliefen in besonders freundlicher Atmosphäre. Gleich zu Beginn unterstrich Reagan den amerikanischen Willen, beide Teile des Doppelbeschlusses durchzuführen. Er betonte auch seine grundsätzliche

Bereitschaft zu Verhandlungen über strategische Waffen. Die sollten kein Schachspiel sein, sondern zu einer echten Verminderung der strategischen Waffen führen. Die USA, so Reagan mit Nachdruck, würden unter seiner Führung ihre Verantwortlichkeiten für die freie Welt akzeptieren und ihre Verbündeten und Freunde nicht im Stich lassen. Er garantiere dafür, dass er an die Dinge anders als Carter herangehen werde.

Zum Schluss kam er auf die Demonstrationen in westlichen Ländern gegen die Nachrüstung zu sprechen. In den USA seien es immer dieselben gewesen, worauf Schmidt erwiderte, dass es Leute gebe, die Furcht predigten. Hinzu käme die Überflutung der öffentlichen Meinung durch das Fernsehen. Allerdings glaube er, »daß wir den Widerstand gegen den Doppelbeschluß überwinden werden. Aber dann werden die Protestler sich ein neues Objekt suchen. Es sind Prediger, die nicht beten können.«

Am nächsten Tag traf Schmidt um 11:00 Uhr zu einem zweiten Gespräch mit Reagan zusammen. Da ging es zunächst um die Sowjetunion, bevor Schmidt auf Deutschland verwies, das sich als getrennte Nation in einer besonderen geostrategischen Lage befinde und immer an das Schicksal der 16 Millionen Deutschen denken müsse, die gleichsam als Geiseln drüben lebten. Sogar eine Nation wie die polnische habe es leichter, denn sie habe ihre nationale Identität. Die fehle in der DDR.

Reagan ging in seiner Antwort auf die Mauer ein. Die USA hätten eine große Chance versäumt, als sie gebaut wurde. »Man hätte sie niederreißen müssen.« Das Sprichwort sage, dass eine Demütigung, die nicht beantwortet werde, zur Ursache vieler weiterer werde. Dann betonte er erneut, dass er den Wunsch habe, mit der Sowjetunion über Rüstungsverminderungen zu sprechen. Er sei an Abrüstung interessiert. Schmidt erwiderte, dass ihn diese Erklärung »sehr befriedige«. Er sprach dann eine Einladung an Reagan aus, die Bundesrepublik zu besuchen. Der erinnerte an seinen Besuch in Deutschland 1978, der bei ihm nur positive Eindrücke hinterlassen habe, »bis auf das Erlebnis der Mauer. Diesen Schock habe er nicht vergessen.«[69]

In seinen Erinnerungen schreibt Schmidt: »Reagan und ich verstanden uns persönlich gut.« Und dann: »Ich mag diesen Mann.« Ihm hatte nicht nur dessen männlicher Charme gefallen, sondern, wie er weiter schreibt, »vor allem hatte mir imponiert, wie er psychisch und körperlich die Folgen des Revolverattentats überstanden hatte, das knapp zwei Monate zuvor auf ihn verübt und bei dem er schwer und schmerzhaft verletzt worden war. Ich begriff vielleicht eher instinktiv als rational, weshalb dieser Mann in seinem Volke so beliebt war: Er ist gelassen; er spricht erst nach einer kleinen Pause des Überlegens; er benutzt zwar sehr einfache Bilder und Worte, aber die Sorge, daß er seine Meinung über Nacht ändern könnte, verspürt man nicht. Reagan ist stolz, er ist auch stolz auf sein Land; er sieht nahezu alle Probleme als Amerikaner und nur als Amerikaner. Immerhin, er hat auch die Fähigkeit, einem Europäer zuzuhören.«

Schmidt war jedenfalls nach diesen Gesprächen davon überzeugt, es nach vier Jahren der Unsicherheit »nun wieder mit einem stetigen und deshalb kalkulierbaren amerikanischen Präsidenten zu tun zu haben«.[70]

In den Begegnungen mit Reagan im Jahr 1981 und dann auch noch im Januar und Juni 1982 stachen Schmidt drei charakteristische Eigenschaften Reagans immer stärker ins Auge, nämlich, wie er schreibt, »erstens, seine Neigung und Fähigkeit, komplizierte Zusammenhänge lediglich in vereinfachter Form aufzufassen und sie dann, nochmals vereinfacht, zu interpretieren und politischen Schlussfolgerungen zuzuführen; zweitens, sein unerschütterlicher Glaube an die Überlegenheit jener Faktoren und Fähigkeiten, welche im Laufe von zweihundert Jahren sein Land groß gemacht haben, nämlich Kapitalismus und freies Unternehmertum, Optimismus und moralischer Idealismus sowie die Neigung zur bloßen Stärke und sogar zur Selbstjustiz, wo Rechtsprechung nicht vorhanden ist; drittens, eine erstaunliche Fähigkeit, seine Landsleute genauso anzusprechen, wie sie auch untereinander reden.«[71]

Am Nachmittag des 9. Juni 1982 traf Reagan von London kommend in Bonn ein, begleitet von 200 Mitarbeitern, 220 Journalisten und 150 Beamten des Secret Service. Nach einer kurzen Begrüßung durch Bundespräsident Karl Carstens begann um 14:25 Uhr das Gespräch zwischen Schmidt und Reagan, das genau 70 Minuten dauerte. Schmidt schlug als Themen vor: Lage in Deutschland, Verteidigungsprobleme, deutsch-amerikanische und Ost-West-Beziehungen.

Zum deutschen Verteidigungsbeitrag stellte er, wie er meinte, »mit nur mühsam unterdrücktem Stolz« fest, dass die deutschen Streitkräfte in einem guten Zustand seien. Und dann mit einem Seitenhieb auf die amerikanische Freiwilligenarmee: »Die Bundeswehr mit 500 000 Mann beruht auf der Wehrpflicht. […] Die Sowjets haben zu Recht großen Respekt vor unseren Streitkräften.« Die pro-amerikanische Haltung der Deutschen sei weit ausgeprägter als die anderer westlicher Verbündeter der USA. Friedensbewegungen und Demonstrationen gebe es auch in anderen Ländern und Hauptstädten. Man solle nicht die deutsche Jugend kritisieren, dass sie sich für den Frieden einsetze und begeistere. Das sei jedenfalls viel besser als andere Ziele der Begeisterung, »an die uns die unaufhörlich über den amerikanischen Bildschirm flackernden Filme über die Nazizeit erinnern«.

Dann gab es Nachhilfe in deutscher Politik und deutscher Geografie. Wenn man in Amerika manchmal denke, dass die Deutschen zu sehr auf östliche Regierungen eingingen, dann sollte man nicht vergessen, dass 16 Millionen Deutsche praktisch Geiseln seien. Die Periode der Entspannungspolitik habe einen entscheidenden Wandel gebracht: In den letzten zwölf Jahren seien rund eine halbe Million Deutsche aus der Sowjetunion und Ländern Osteuropas in die Bundesrepublik ausgesiedelt – mit dortiger Zustimmung. Der Eiserne Vorhang zwischen den beiden deutschen Staaten sei jedenfalls durch einen einseitigen Besucherstrom aus der Bundesrepublik durchbrochen worden. Und dann kam etwas, was Schmidt bei allen möglichen Gelegenheiten immer wieder vortrug, nämlich der Vergleich zwischen der Bundesrepublik und dem Staat Oregon. Beide seien flächenmäßig etwa gleich groß, aber in der Bundesrepublik lebten 60 Millionen Menschen, »soviel wie in den großen Bevölkerungszentren Kaliforniens und des Ostens der Vereinigten Staaten zusammengenommen«. Die DDR entspreche etwa einem Drittel des Staates Washington: »Dazwischen verläuft der Stacheldraht.« Die komplizierten politischen Strukturen in Deutschland würden dadurch nicht einfach, dass die Bevölkerung inzwischen weiß, »daß bei uns etwa 5000 nukleare Sprengkörper stationiert sind (während in Oregon keine!)«.

Reagan ging in seiner Antwort auf einige der von Schmidt erwähnten Punkte ein. Er räumte ein, dass es bei der Armee einen gewissen Niedergang gegeben habe, »aber die USA besitzen jetzt eine effektive Freiwilligen-Armee«. Zu den Filmen über die Nazizeit meinte er, die Fernsehserie »Der Holocaust« [die im Januar 1979 auch in der ARD ausgestrahlt worden war] sei eine Antwort auf die gefährliche Propaganda, nach der es diese Judenverfolgung nie gegeben habe. Über den Vietnamkrieg gebe es nur einen einzigen Film, in dem ein amerikanischer Held vorkomme, nämlich John Wayne [1968 in dem Film *The Green Beret*, der die US-Politik in Vietnam rechtfertigte], den die Filmkritik dann auch praktisch aus den Filmtheatern verbannt habe. Ein hervorragender Film sei übrigens »Das Boot«.

Schmidt bezeichnete dann die Reden Reagans vom November 1981 betreffend INF und vom Mai 1982 [letztere hatte den Weg zu den Verhandlungen betr. strategische Abrüstung eröffnet] als »eine große Wende zum Positiven«. Diese Wende erleichtere es den Deutschen, »in vollem Vertrauen auf die Allianz zu leben«. Und er wies dann erneut auf das große politische Risiko hin, dass er und Genscher eingegangen seien, indem sie sich für den Fall eines Scheiterns der Verhandlungen in Genf eindeutig für die Stationierung von Pershing Raketen und *Cruise Missiles* ausgesprochen hätten. Er werde an dieser Politik auch festhalten, aber diese Politik werde nur Erfolg haben, wenn er darauf verweisen könne, dass die Amerikaner jede Anstrengung gemacht hätten, um eine Verhandlungslösung in Genf zu erreichen.

Reagan: »Wir werden uns wirklich nach Kräften anstrengen. Man muß auch klar sehen, daß die SU niemals bereit gewesen wäre zu verhandeln, wenn sie nicht die Stationierung der amerikanischen Mittelstreckenwaffen fürchten müßte.« Entspannung sei dadurch diskreditiert worden, dass der Westen zu viel gebe, ohne etwas dafür zu bekommen: »Wir hatten uns Entspannung immer als eine Zweibahn-Straße vorgestellt, während sie in der Tat eine Einbahn-Straße war, kein faires Geschäft für die Amerikaner, die nichts mehr hassen als das Gefühl, ausgenutzt zu werden.«

Schmidt widersprach: »Entspannung hat bei uns einen anderen Sinngehalt. Sie ist nicht diskreditiert. Das hängt mit unserer geographischen Lage zusammen. Von seinem Haus in Hamburg zum Beispiel braucht man nur 30 Minuten Autofahrt, um – wenn es die Grenzbefestigungen nicht gäbe – dem ersten russischen Panzer zu begegnen. Für uns bedeutete Entspannung zum Beispiel die ehrliche Ausreise von 9000–10 000 Deutschen aus der SU – ohne große Worte, um auch dem Osten das Gesicht wahren zu helfen.« Und mit Blick auf Sanktionen meinte er, es sei »für uns undenkbar, die Wirtschaftsbeziehungen zu Osteuropa und insbesondere zur DDR abzubrechen. Die Deutschen in der DDR sind Teil unserer Nation, Teil unseres Lebens.«

Reagan stellte klar: »Ich möchte keinen Kalten Krieg.« Schmidt ging noch einmal auf die Vorgeschichte des NATO-Doppelbeschlusses ein: Er habe sich bei Präsident Carter dafür eingesetzt, die neuen sowjetischen Mittelstreckensysteme in die SALT-Gespräche einzuschließen. Das sei nicht geschehen. Selbst nach dem NATO-Doppelbeschluss habe Carter diese Frage beim Treffen mit Breschnew nicht oder nur am Rande angesprochen. Er fühle sich in dem Punkt wirklich von Carter im Stich gelassen. Reagan: »Ich hätte Sie nicht im Stich gelassen, ich würde Breschnew auch nicht küssen, wie es Carter tat [bei der Unterzeichnung von SALT II in Wien am 18. Juni 1979].«[72]

Im Anschluss an dieses Gespräch hielt Reagan als erster amerikanischer Präsident vor dem Deutschen Bundestag eine etwa halbstündige Rede, die Schmidt später in seinen Erinnerungen als »politisches und psychologisches Meisterstück« bezeichnete.[73] Es war in der Tat eine brillante Rede, die genau auf die deutsche Mentalität abzielte. Reagan zitierte Schiller und Heine, beschwor die deutsch-amerikanische Freundschaft und das Festhalten am gemeinsamen Bündnis sowie die amerikanische Entschlossenheit, die US-Truppen in Europa zu halten – als Botschaft des amerikanischen Volkes: »*We are with you Germany; you are not alone.*« Und: »Die Küsten Europas sind unsere Küsten, die Grenzen Europas sind unsere Grenzen. Und wir werden Ihnen bei der Verteidigung der uns überlieferten Freiheit und der Menschenwürde zur Seite stehen.«[74]

Reagans Rede wurde fast 20 Mal durch Beifall unterbrochen. Der amerikanische Präsident erreichte, so Schmidt 1987, »was keinem deutschen Bundeskanzler jemals gelungen ist: den stehenden, lang anhaltenden Beifall sowohl der Linken als auch der Rechten für eine außen- und sicherheitspolitische Rede«.[75]

Am 11. Juni 1982 hielt sich Reagan für dreieinhalb Stunden in West-Berlin auf. Im Unterschied zu seinem Aufenthalt in Bonn kam es zu schweren Auseinandersetzungen zwischen

Polizei und gewalttätigen, z.T. vermummten Demonstranten, die Autos in Brand steckten. Die geplante Autofahrt des Präsidenten war nicht möglich. Der Präsident selbst bekam davon allerdings nicht viel mit. Am Flughafen Tempelhof gab es eine Ehrengarde von 7000 US-Soldaten, von da ging es mit dem Hubschrauber zum Checkpoint Charlie, wo Reagan von amerikanischen Militärs und ihren Angehörigen begrüßt wurde.[76] Von da weiter mit dem Hubschrauber zum Schloss Charlottenburg, wo er vor 25 000 Deutschen, die kleine amerikanische Fahnen schwenkten, die Versicherung abgab, dass die USA Frieden und Freiheit der Berliner schützen würden. Er flog anschließend zum Köln-Bonner Flughafen zurück, von wo aus er die Heimreise in die USA antrat, nicht ohne noch einmal Berlin zu erwähnen. Er habe dort über die Mauer geblickt (zum zweiten Mal nach 1978) und die Konsequenzen gesehen, die sich ergäben, wenn die Freiheit verweigert werde.[77]

Sein Tagebucheintrag macht deutlich, was ihn offensichtlich auf dieser Europareise am meisten beeindruckt hatte. In Bonn und Berlin demnach die Schlösser (wie vorher schon in London), zudem ein voller Erfolg des NATO-Treffens. Auch die Unterbringung im Gästehaus der Bundesregierung – Schloss Gymnich – hatte ihn sehr beeindruckt: »Ein altes Schloss mit einem Wassergraben«, genauso wie der Abendempfang bei Präsident Carstens. Dann die 25 000 flaggenschwenkenden Deutschen vor Schloss Charlottenburg, der wunderbare Empfang durch amerikanische Soldaten in Berlin und seine Rede im Bundestag.[78]

Zum Abschluss seiner Gespräche beim ersten Treffen mit Reagan im Mai 1981 war Schmidt, wie er in seinen Erinnerungen schreibt, davon überzeugt, dass der amerikanische Präsident die feste Absicht zu intensiver Konsultation mit seinen Verbündeten und zur Vermeidung von Überraschungen hatte. Und weiter: »Dass seine Administration diesen Vorsatz später

11. Juni 1982: US-Präsident Ronald Reagan am Checkpoint Charlie in West-Berlin, mit Helmut Schmidt und dem Regierenden Bürgermeister Richard von Weizsäcker. Schmidt zu Reagan: »Die Mauer, die Sie gesehen haben, symbolisiert den Riß, der quer durch diese Stadt, quer durch die Nation und das Empfinden jedes Deutschen geht.«

nur zum Teil eingehalten hat, […] hat meine Erwartungen später enttäuscht; aber das konnte ich im Mai 1981 noch nicht wissen.«[79] Ende des Jahres wusste er es.

Es begann mit den von Reagan verkundeten Sanktionen gegen die Sowjetunion nach Ausrufung des Kriegszustands in Polen 1981.[80] Bonn hatte sechs Stunden Zeit, um nachzuziehen. Schmidt war außer sich. Die Reagan-Administration müsse noch lernen, »die Allianz zu verstehen«, sie »benehme sich so, als ob die deutschen Verbündeten ein abhängiger Staat seien«. Von seiner Kritik nahm er Reagan allerdings ausdrücklich aus; der sei »eine verlässliche, auch liebenswürdige Persönlichkeit«, die sehr hochzuschätzen sei; ein Mann, in den man Vertrauen setzen könne und der nicht unkontrolliert und leichtfertig aufrüsten wolle. Aber es gebe andere in den USA. Den amerikanischen Senatoren unterstellte Schmidt Ignoranz: »Sie kennen Europa nicht. Kaum einer ist auch nur fünfmal in Europa gewesen.« Die USA seien eine Führungsmacht, »die nicht weiß, wie man führt«.[81] Man brauche eventuell härtere Methoden, um das Weiße Haus zum Nachdenken zu bringen. Als er im Juli 1982 zu seiner 52. [!] USA-Reise aufbrach, gab ihm der amerikanische Botschafter in Bonn, Arthur Burns, daher den eher ungewöhnlichen Rat mit auf den Weg, er solle in seinen öffentlichen Reden »vorsichtig« sein.[82]

Ungeachtet dessen ging Schmidts US-Bashing weiter. Er sah jetzt auch Schwächen in der amerikanischen Nahostpolitik und in der Falkland-Krise. Zum britischen Botschafter John Taylor meinte er, die USA hätten da »keine überzeugende Politik« gemacht. Carter habe ihn davon überzeugt »und Reagan hat es bestätigt, daß wir mit keiner kontinuierlichen Politik rechnen können. Wir können mit großer Vitalität rechnen, aber nicht mit Kontinuität, weder in der Innen- noch in der Außenpolitik.« Und dann kam das erstaunliche Bekenntnis: Diese Erfahrung habe ihn »unerwartet in die Fußstapfen Adenauers gebracht, was das Verhältnis zu Frankreich anbelangt«.[83]

Schmidt hielt im Juli 1982 mehrere Vorträge in Kalifornien. Die hätten, so der deutsche Generalkonsul in einer Analyse, »wesentlich dazu beigetragen, daß der Bundeskanzler bei Weitem der bestbekannteste ausländische Staatsmann im Westen der USA geworden ist«. Botschafter Peter Hermes erzählt folgende Anekdote: »Bei seinem letzten offiziellen Amerikabesuch machte ihm in San Francisco die Oberbürgermeisterin Dianne Feinstein einen Besuch in seinem Hotel. Als ich sie fragte, ob sie etwas Besonderes besprechen wolle, war die Antwort: ›Nein, nichts Besonderes, ich wollte nur Ihren berühmten Bundeskanzler einmal sprechen.‹«[84]

Feinstein wurde später zur führenden Demokratin in Washington. Zum 90. Geburtstag von Helmut Schmidt organisierte Henry Kissinger in New York ein Treffen von führenden amerikanischen Persönlichkeiten und Politikern mit dem Altkanzler. Kissinger erzählt: »Jeder war versessen darauf, ihn zu sehen, und alle begrüßten ihn wie einen verloren geglaubten Freund, obwohl er in 90 Prozent der Zeit, in der man sich mit ihm unterhält, die Politik der Vereinigten Staaten kritisiert, aber dennoch wird er eher als liebevoller Onkel und nicht als ewiger Kritiker wahrgenommen.«[85]

In seiner historischen Rede am 12. Juni 1987 vor dem Brandenburger Tor fordert Präsident Reagan: »Mr. Gorbachev, open this door! Mr. Gorbachev, tear down this wall!« (»Herr Gorbatschow, öffnen Sie dieses Tor. Herr Gorbatschow, reißen Sie diese Mauer nieder!«)

VII. 1982–1998: HELMUT KOHL, RONALD REAGAN, GEORGE H. W. BUSH UND BILL CLINTON

1. Helmut Kohl und Ronald Reagan: das erste Treffen

Im November 1978 gab es eine Begegnung der besonderen Art in Bonn. 1976 hatte der ehemalige Gouverneur von Kalifornien und Schauspieler in B-Movies – Ronald Reagan – im Kampf um die Nominierung der Republikanischen Partei für die Präsidentschaft gegen Gerald Ford den Kürzeren gezogen. 1980 wollte er es erneut versuchen. Zu diesem Zweck machte er (wie üblich bei möglichen Kandidaten) vorher eine Europareise, um damit außenpolitisches Profil zu gewinnen. Vom 29. November bis 1. Dezember 1978 hielt er sich in der Bundesrepublik auf, am 2. Dezember besuchte er West-Berlin. In Bonn bekam er nur einen Kurztermin beim Kanzler. Schmidt war zu dem Zeitpunkt nicht der Meinung, dass Reagan eine Figur sei, für die sich ein allzu großer Zeitaufwand lohne.

Mitverantwortlich dafür war die erstaunliche Fehleinschätzung Reagans durch Botschafter Berndt von Staden. Nach dessen Telegramm (S. 111) war Reagan in Bonn erledigt. Auf die Anfrage der amerikanischen Botschaft in Bonn im November 1978 nach einem Treffen mit Ronald Reagan hatte denn auch nur ein Politiker in Bonn Zeit: Oppositionsführer Helmut Kohl. Und der nahm sich viel Zeit. Damals, so erzählte Kohl später, kam es in seinem Büro zu einer erstaunlichen Begegnung zwischen diesen beiden Männern: Nachdem man sich lange unterhalten hatte und Reagan gehen wollte, fragte ihn Kohl, ob er schon etwas gegessen habe. Als Reagan verneinte, meinte Kohl, sie sollten doch gemeinsam in seinem Büro essen, er würde etwas ganz Einfaches bestellen. Es wurden Bratkartoffeln mit Spiegeleier. Danach ging man in einer ausgesprochen freundschaftlichen Stimmung auseinander – für beide ein unvergessliches Erlebnis, wie Kohl später immer erzählt.[1] Hier wurde der Grundstein für eine außergewöhnliche persönliche Freundschaft gelegt, die für die deutsch-amerikanischen Beziehungen von erheblicher Bedeutung werden sollte, denn: Zwei Jahre später war Ronald Reagan Präsident der USA und vier Jahre später Helmut Kohl Bundeskanzler der Bundesrepublik Deutschland.

2. Helmut Kohl und Reagans Handschlagqualität

Helmut Kohl, Jahrgang 1930, war ein Politiker, der ein bestimmtes Ziel vor Augen hatte: er wollte Bundeskanzler werden. Er ging konsequent diesen Weg: 1959 jüngster Vorsitzender des CDU-Kreisverbandes Ludwigshafen, 1960 jüngster Vorsitzender der CDU-Stadtratsfraktion in Ludwigshafen, 1963 jüngster Fraktionsvorsitzender im Mainzer Landtag, 1969 jüngster Ministerpräsident, 1973 jüngster Vorsitzender der CDU und 1976 Oppositionsführer in Bonn. Bis 1998 blieb er CDU-Parteivorsitzender. Als er nach dem Sturz von Helmut Schmidt am 1. Oktober 1982 zum Bundeskanzler gewählt wurde, war er am Ziel. Für viele Kritiker war das eher ein Versehen, ein Unfall. Sie unterstellten dem CDU-Mann Unvermögen und Defizite auf fast allen politischen Feldern. Erst mit der Wiederherstellung der deutschen Einheit gewann er für sie an Profil, wurde er der »Kanzler der Einheit«. Kein Politiker im Nachkriegsdeutschland ist so unterschätzt worden wie Kohl. Dabei war Kohl ein Machtmensch, der es verstand, mit politischer Macht umzugehen und sie im besten Sinne des Wortes »auskosten« und in politische Erfolge ummünzen konnte. Helmut Kohl war ein »Virtuose der Macht«, der nicht umsonst 16 Jahre Kanzler blieb.

Die deutsch-amerikanischen Beziehungen waren für ihn ein, wenn nicht der Grundpfeiler seiner Politik. Das hatte er im Gespräch mit Reagan im November 1978 deutlich gemacht, das betonte er auch bei seinem ersten Besuch in den USA im Oktober 1981. Das Gespräch im Weißen Haus dauerte etwa 40 Minuten, in denen Kohl die moralischen Traditionen und Kräfte Amerikas beschwor und feststellte, dass er mit seinen politischen Freunden an der Seite der Vereinigten Staaten stehe. Das sei »Sache des Verstandes, aber noch mehr Sache des Herzens«. Er, Kohl, werde sein Äußerstes tun, »um die öffentliche Meinung für die Freundschaft mit Amerika zu mobilisieren«.

Ein Jahr später, am 15. November 1982, trafen Kohl und Reagan erneut zusammen. Es war das fünfte Treffen der beiden, sechs Wochen nach der Wahl Kohls zum Bundeskanzler. Sein Antrittsbesuch bei Reagan sollte dazu dienen, wie Kohl meinte, das deutsch-amerikanische Verhältnis zu »reparieren«. Ronald Reagan fand in Helmut Kohl einen verlässlichen Partner. Bei der Tischrede wies er denn auch darauf hin, dass Kohl als Oppositionsführer im Juli 1982 proamerikanische Kundgebungen in der Bundesrepublik organisiert hatte, und betonte: »Ich schätzte diese wunderbare Geste sehr hoch.« Nach Bratkartoffeln und Spiegeleiern war das die Fortsetzung einer wunderbaren Freundschaft. Reagan wies auch darauf hin, dass deutsche Auswanderer mehr als jede andere Volksgruppe die ethnische Zusammensetzung der USA geprägt und dem Land neben harter Arbeit und Fleiß auch Fortschritt und Freiheit gebracht hätten. Die Zukunft der beiden Länder hänge »so sehr von Freundschaft und gemeinsamen Werten ab: In diesen unsicheren Zeiten, in denen eine Macht im Osten eine massive Kriegsmaschine weit über alle legitimen Verteidigungserfordernisse hinaus aufgebaut hatte, müssen die westlichen Demokratien zusammenstehen, wenn unsere Freiheit und der Frieden in der Welt erhalten werden sollen. Das deutsche Volk steht an der Frontlinie der Freiheit.«

15. November 1982: Antrittsbesuch von Bundeskanzler Helmut Kohl bei US-Präsident Ronald Reagan in Washington. In einer gemeinsamen Erklärung zum Abschluss des Besuches heißt es: »Die deutsch-amerikanischen Bande sind tiefer als bloße Erwägungen des Nationalinteresses. Sie wurzeln in der tiefen Zuneigung der beiden Völker und werden getragen von engen persönlichen und familiären Bindungen zwischen Amerikanern und Deutschen.« Reagan schreibt in sein Tagebuch: »He is entirely different than his predecessor [Schmidt] – very warm and outgoing.«

In einer gemeinsamen Erklärung zum Abschluss des Besuches hieß es u. a.: »Die deutsch-amerikanischen Bande sind tiefer als bloße Erwägungen des Nationalinteresses. Sie wurzeln in der tiefen Zuneigung der beiden Völker und werden getragen von engen persönlichen und familiären Bindungen zwischen Amerikanern und Deutschen.«[2]

In der persönlichen Beziehung zu Ronald Reagan war bei Helmut Kohl von Anfang an alles anders als bei Helmut Schmidt. Zur Vorbereitung seines Antrittsbesuches am 15. November 1982 hatte er am 6. Oktober mit Botschafter Burns gesprochen und gleich zu Beginn deutlich gemacht, dass die amerikanische Regierung davon ausgehen könne, »daß sie es bei dieser Regierung mit Freunden zu tun« habe. Sie werde ein verlässlicher Partner sein, »der nicht wankt«. Sollten die Abrüstungsverhandlungen mit den Sowjets in Genf ohne Erfolg bleiben, »muß stationiert werden«. Die von ihm geführte Regierung stehe »ohne Wenn und Aber zur Allianz und zur deutsch-amerikanischen Freundschaft«. Bei dieser Haltung blieb er auch beim Treffen mit Reagan am 15. November. Dort stellte er klar: Sollten die Genfer Verhandlungen zu keinem konkreten Ergebnis führen, »werden wir dislozieren«. Auch wenn alle abspringen würden, »wir werden nicht abspringen. Mit dieser Haltung gehe ich in die Wahl« [am 6. März 1983].[3]

Mit dieser Einstellung punktete Kohl in Washington. Außenminister Shultz meinte am 16. November, der Kanzler habe »die Herzen in Washington offenbar im Sturm genommen«.[4] Reagan schrieb in sein Tagebuch: »Mein 5. Treffen mit Kohl. Aber jetzt ist er Bundeskanzler. […] Es war ein gutes Gespräch. Er ist vollkommen anders als sein Vorgänger – warm and outgoing.« Seine Frau sei genauso. »Wir haben uns sehr gut verstanden. […] *I believe we'll have a new relationship.*«[5]

Damals war viel von gemeinsamen Werten die Rede; darüber hinaus pflegten beide Politiker die persönlichen Beziehungen.

So schickte Kohl Reagan im Dezember ein Weinpräsent. Damit wolle er den Präsidenten »an die deutsche Weinkultur heranführen«, wie er Außenminister Shultz anvertraute.[6] Die beiden Politiker mochten sich und waren verlässliche Partner. Rückblickend meinte Helmut Kohl im Jahre 2007: »Ronald Reagan war natürlich kein Mann, der unterwegs war, um Mitglied der Académie Française zu werden. Er war auch nicht auf den Nobelpreis aus, weder für Literatur noch für sonst etwas. Aber er war ein Mann mit einem ganz klaren charakterlichen Konzept, mit ganz klaren Konturen. Er war ein Mann, der stand. Sein Ja war ein Ja, sein Nein war ein Nein. Dass er geschickt war, vielleicht auch durchtrieben, in der praktischen Politik, das steht außer Frage. Aber für uns Deutsche hat er einen ganz großen Vorteil gehabt: er hatte überhaupt keine Reserven gegenüber den Deutschen, er war überhaupt nicht deutschfeindlich. Für ihn waren die Deutschen die Verbündeten, der Bündnispartner Bundesrepublik.« Und weiter: »Ohne die Hilfe der Amerikaner und speziell Reagans, der eisern zu uns stand, ohne Wenn und Aber, der nicht nur darüber redete, sondern das auch sehr konkret so verstand, wären wir niemals in die spätere historische Entwicklung geraten. Wenn wir in der Frage des NATO-Doppelbeschlusses die Amerikaner und die Amerikaner uns verraten hätten – so muss man das formulieren –, wären die folgenden Jahre bis hin zur deutschen Einheit und auch zur europäischen Einigung nicht möglich gewesen. Die Entscheidung für den NATO-Doppelbeschluss stand dafür, dass die Bundesrepublik Deutschland fest und unverbrüchlich an der Seite ihrer westlichen Freunde mit den Amerikanern an der Spitze stand. Ohne den NATO-Doppelbeschluss wäre die Entwicklung ganz anders gekommen.«[7]

3. 1985: Besuch in Bergen-Belsen und Bitburg

Reagans Handschlagqualität wurde besonders deutlich im Jahr 1985, als der Soldatenfriedhof in dem kleinen Städtchen Bitburg in Rheinland-Pfalz im Mai jenes Jahres beinahe in den Mittelpunkt des Weltgeschehens rückte und die deutsch-amerikanischen Beziehungen zeitweilig aufs schwerste belastete. In Kohls Leben gab es nach dessen späterer Aussage nur wenige Ereignisse, bei denen er in einem solchen Ausmaß erlebt habe, mit welch einer Perfidie Volksverhetzung und Lügen verbreitet worden seien.[8]

Was war geschehen?

Kohl hatte Reagan von seinem Treffen mit dem französischen Staatspräsidenten François Mitterrand ein Jahr zuvor auf dem Soldatenfriedhof von Verdun erzählt, wo sich beide über den Gräbern Gefallener die Hand zur Versöhnung gereicht hätten. Reagan war begeistert von dieser Aktion und meinte, etwas Ähnliches sollten er und Kohl auch in Deutschland machen. Und dann kamen mehrere Dinge zusammen. Der nächste Anlass zu einem Deutschlandbesuch Reagans war der Weltwirtschaftsgipfel vom 2. bis 4. Mai 1985 in Bonn. Ende Januar 1985 gab ein Sprecher des Weißen Hauses in Washington bekannt, dass sich Reagan nach diesem Gipfel noch bis zum 8. Mai zu einem offiziellen Staatsbesuch in der Bundesrepublik aufhalten werde und sich damit am 40. Jahrestag der Kapitulation Hitler-Deutschlands auch auf deutschem Boden befinden werde. Am 12. April wurde das offizielle Programm für Reagans Besuch in der Bundesrepublik bekanntgegeben. Es sah u.a. einen Besuch des deutschen Soldatenfriedhofes in Bitburg am 5. Mai vor.

Da es in der Bundesrepublik keinen amerikanischen Soldatenfriedhof gibt, hatte Kohl Bitburg vorgeschlagen, zumal auch in der Nähe ein großer Flughafen war, auf dem die *Air*

Force One landen konnte. Vertreter des Weißen Hauses hatten die Lage begutachtet und Bitburg für gut befunden. Als sie den Friedhof besichtigt hatten, lag allerdings Schnee, was Folgen hatte: erst später wurde erkannt, dass dort auch 49 ehemalige SS-Soldaten begraben waren, was von den Amerikanern nicht bemerkt worden war.

Ein Sprecher Reagans teilte mit, der Präsident habe nicht die Absicht, das ehemalige Konzentrationslager Dachau zu besuchen, weil »er nicht denkt, daß dies das Passende sei«. Von dem Moment an gerieten die Dinge beinahe außer Kontrolle.

In den USA setzte eine massive Welle der Kritik an Reagans Absicht ein, zwar einen Soldatenfriedhof – von den dort begrabenen SS-Soldaten war noch gar nicht die Rede –, aber kein ehemaliges KZ zu besuchen. Als erster verurteilte der *American Jewish Congress* das Besuchsprogramm, dann folgte die 2,6 Millionen Mitglieder starke Veteranenorganisation *American Legion*. Der Vorsitzende des Zentralrats der Juden in Deutschland, Werner Nachmann, forderte Reagan auf, der jüdischen Opfer des Naziterrors zu gedenken.

Aus dem Weißen Haus kam als erstes die Reaktion, dass der geplante Besuch des Friedhofs überprüft werde. Der Bürgermeister von Jerusalem, der gebürtige Wiener Teddy Kollek, erklärte, er halte es zwar für »ganz selbstverständlich«, dass 40 Jahre nach dem Ende des Zweiten Weltkrieges ein amerikanischer Präsident der toten Soldaten gedenke, er glaube nur, dass der besser beraten wäre, wenn er auch ein früheres KZ besuchen würde. Ähnlich äußerte sich auch der Vorsitzende der Jüdischen Gemeinde in Berlin, Heinz Galinski, während auf die Frage, ob es der Bundesregierung bekannt gewesen sei, dass in Bitburg auch SS-Angehörige begraben seien, Bonns Regierungssprecher darauf hinwies, dass gegen Ende des Krieges zahlreiche junge Leute zur Waffen-SS gezwungen worden seien, ohne dass man sie gefragt habe, ob sie wollten oder nicht.

Obwohl das Weiße Haus am 17. April bekannt gab, dass Reagan nun doch ein ehemaliges Konzentrationslager besuchen werde, forderten am nächsten Tag 53 der 100 Mitglieder des US-Senats den Präsidenten mit Nachdruck auf, den Besuch in Bitburg zu unterlassen. Man erinnerte Reagan daran, dass die SS an der Ardennenoffensive im Winter 1944/45 stark beteiligt gewesen sei. Diese Offensive sei mit besonderer Grausamkeit verbunden gewesen und habe rund 19 000 jungen Amerikanern das Leben gekostet. 100 amerikanische Kriegsgefangene seien von der SS auf einem Feld bei Malmedy erschossen worden; einige der Täter könnten unter den in Bitburg beigesetzten Toten sein.

In jenen Tagen gingen im Weißen Haus täglich rund 1000 negative Telefonanrufe zu Reagans Deutschlandbesuch ein. Reagan verteidigte unterdessen seinen Besuch in Bitburg mit dem Hinweis, die meisten der dort beerdigten Soldaten seien 17 und 18 Jahre alte Wehrpflichtige gewesen und »ich glaube, nichts spricht gegen den Besuch jenes Friedhofs, wo diese jungen Leute auch Opfer des Nazismus sind, selbst wenn sie in deutscher Uniform kämpfen. Sie waren Opfer, genauso wie die Opfer in den Konzentrationslagern.«

Daraufhin wurde die Kritik noch massiver. Mehrere amerikanisch-jüdische Gruppen reagierten mit Bestürzung auf diese Äußerungen. Der Vorsitzende des US-Holocaust-Gedächtnisrates, Elie Wiesel, selbst Holocaust-Überlebender, sagte, die Angaben Reagans seien unwahr: »Ich hoffe, er glaubt das selbst nicht. Weiß er wirklich, was es bedeutet, Opfer in einem Konzentrationslager zu sein, mit anzusehen, wie die Eltern umgebracht werden? Wie kann er da Vergleiche ziehen?«

Der Präsident der jüdischen Gemeinden in den USA, Rabbiner Schindler, nannte Reagans Äußerungen eine »schreckliche Erklärung, die Schande über das amerikanische Volk bringt. Sie beleidigt nicht nur Juden und andere, die unter dem Naziregime zu leiden gehabt haben, sondern auch jeden Amerikaner und alliierten Soldaten, der sein Leben im Kampf für die Befreiung Europas gegeben habe.«

Als erste Reaktion teilte das Weiße Haus mit, dass Reagan das ehemalige KZ Bergen-Belsen besuchen werde. Ein enger Freund Reagans sprach von einem »permanenten Albtraum«, den die Reise jetzt für das Präsidentenpaar bedeute.

In dieser Situation telefonierten Kohl und Reagan miteinander. Nach Aussage Kohls war es ein sehr dramatisches Gespräch. Reagan erzählte Kohl von seinen Schwierigkeiten, worauf Kohl ihm eine Absage des Friedhofsbesuchs freistellte. Er selbst werde diesen Besuch aber nicht absagen. Nach einer kurzen Pause kam die Antwort des US-Präsidenten: »Ich sage die Reise nicht ab, ich werde kommen.« So war Ronald Reagan! Mit dieser Haltung beeindruckte er nicht nur die Deutschen, sondern letztlich auch die Kritiker im eigenen Land. Reagan besuchte Bergen-Belsen. Er legte einen Kranz nieder und hielt eine bewegende Rede. Dies war der erste offizielle Besuch eines ehemaligen KZ durch einen amerikanischen Präsidenten.[9]

4. 1987: *»Mr. Gorbachev, tear down this wall!«*

Ronald Reagan war der einzige amerikanische Präsident, der die Teilung Deutschlands als etwas Unnatürliches empfand, und zwar so unnatürlich, dass ihn der sowjetische Außenminister Gromyko 1984 an einer Stelle sogar »warnte«, wie es hieß, »die Wiedervereinigung als reale Möglichkeit zu betrachten«. Denn, so Gromyko: »Die wird nie stattfinden.«[10]

Während sich andere Präsidenten längst mit der Teilung abgefunden hatten, sah Reagan die Dinge vollkommen anders. Von daher war Helmut Schmidt einigermaßen überrascht, als Reagan ihn am 20. November 1980, wenige Tage nach seiner

Wahl zum neuen Präsidenten, fragte, wie viele Deutsche in der DDR sich wohl für die Wiedervereinigung aussprechen würden. Schmidts Antwort, es seien wohl mehr als 90 Prozent, und weniger als fünf Prozent, die an einem kommunistischen System festhalten wollten, überraschte ihn offensichtlich. Immer wieder ging Reagan in allen Gesprächen mit Helmut Schmidt und auch mit Helmut Kohl auf das Thema Teilung und mögliche Wiedervereinigung ein. So auch beim ersten offiziellen Besuch von Helmut Schmidt in Washington am 22. Mai 1981, als er die Mauer erwähnte.

Als Helmut Kohl im Oktober 1981 in Washington war, stellte Reagan ihm die gleiche Frage, die er Schmidt am 20. November 1980 gestellt hatte. Kohls Antwort ähnelte jener Schmidts: Bei freien Wahlen würde die SED höchstens 8 Prozent der Stimmen bekommen. Über 70 Prozent der Deutschen in der DDR würden westdeutsches Fernsehen sehen, seien über die dortigen Vorgänge gut informiert und hätten daher klare Ansichten und Vorstellungen.

Am 11. Juni 1982 hatte Reagan als Präsident erstmals West-Berlin besucht, begleitet vom Regierenden Bürgermeister Richard von Weizsäcker und Helmut Schmidt.

Am 12. Juni 1987 war er wieder in Berlin. Sein Außenminister, George Shultz, erinnert sich: »Er wollte eine Rede halten. Und natürlich war da die Mauer. Präsident Reagan war nicht der erste, der gefordert hatte, sie niederzureißen, aber er tat es in einem dramatischen Ton. Ich wußte natürlich vorher, daß er das sagen würde. Es war kein spontaner Einfall. Einige Mitarbeiter meinten, man solle den Satz streichen, aber Präsident Reagan bestand darauf, ihn im Text zu lassen. Und so wird man sich vor allen Dingen in Berlin und Deutschland gerade im Zusammenhang mit diesem Satz an ihn erinnern.«[11]

Reagan hielt jene Rede, die inzwischen in die Geschichte eingegangen ist, von seinen Kritikern aber damals geradezu als lächerlich und irreal beurteilt wurde. Hinter ihm eine schusssichere Glaswand – zum Schutz vor Scharfschützen aus Ost-Berlin –, vor ihm etwa 40 000 Westberliner. An jenem Tag hielt Reagan – neben ihm Helmut Kohl – die wohl bekannteste Rede seiner Amtszeit mit den zwei wichtigen Sätzen: »*Mr. Gorbachev, open this gate. […] Mr. Gorbachev, tear down this wall!*« (»Herr Gorbatschow, öffnen Sie dieses Tor. Herr Gorbatschow, reißen Sie diese Mauer nieder!«)[12]

Wolfgang Schäuble, damals Bundesminister für besondere Aufgaben und Chef des Bundeskanzleramts, erinnert sich: »Bundespräsident Richard von Weizsäcker hatte gesagt: ›Die deutsche Frage ist offen, solange das Brandenburger Tor zu ist.‹ Nun kommt ein amerikanischer Präsident und sagt diesen Satz. Dann gibt es viele in Deutschland, die sagen, so etwas darf man nicht sagen. Das ist mir heute noch nicht verständlich. Insofern habe ich ein bitteres Lachen über diese Leute gehabt. Zumal Reagan, wie die Geschichte zeigt, viel mehr recht hatte als diejenigen, die gesagt haben: ›Um Gottes Willen, das könnte ja die Entspannungspolitik gefährden.‹ Gar nichts konnte es gefährden. Man muss auch den Mut haben, gerade wenn man zur Zusammenarbeit bereit ist. […] Man muss auch furchtlos sein und seine Position vertreten. Reagan hat das getan. Es hatte eine große Wirkung.«[13]

Am Abend jenes 12. Juni schrieb Reagan in sein Tagebuch: »Ich habe vor zigtausenden Menschen gesprochen – Menschen, soweit mein Auge reichte. Meine Rede wurde phantastisch aufgenommen – 28 Mal durch Beifall unterbrochen.«[14] Zwei Jahre später fiel die Mauer. Von Kritik an ihm und seiner Rede keine Spur mehr.

Reagan war ein Visionär und Realist. Am 8. Dezember 1987 unterschrieben er und Gorbatschow den eingangs erwähnten INF-Vertrag. Dass das überhaupt möglich war, ging auch auf die Entschlossenheit der Kohl-Regierung zurück, den NATO-

Doppelbeschluss zu vollziehen und Pershing II-Raketen in der Bundesrepublik aufzustellen. Eine Entscheidung, mit der Kohl in die Bundestagswahl im März 1983 gegangen und die im Herbst 1983 vom Bundestag beschlossen worden war. Reagan war ein Präsident, der nicht nur die Herzen vieler Amerikaner gewinnen konnte, sondern in der Tat ein großer Präsident war und ein großes Herz für Deutschland hatte, und der sich mit Teilung und Mauer nicht abfinden wollte. Ihm zu Ehren und zur Erinnerung an seine Rede vom Juni 1987 vor dem Brandenburger Tor wurde später am Eingang der Ronald Reagan Presidential Library in Simi Valley in Kalifornien ein Segment der Berliner Mauer aufgestellt.

5. George H. W. Bush

Am 17. Mai 1990 war Helmut Kohl zum wiederholten Mal Gast im Weißen Haus in Washington. Die Wiedervereinigung war auf gutem Wege, von daher wurde der Bundeskanzler geradezu euphorisch und bezeichnete Präsident Bush als einen »Glücksfall für Europa und die Deutschen«.[15] 2007 meinte er erneut, Bush sei »der eigentliche Glücksfall für uns Deutsche und auch für mich persönlich« gewesen.[16] Selten ist eine Aussage von Helmut Kohl so berechtigt gewesen wie diese.

Bush war in der Tat ein Glücksfall für Deutschland. Er unterstützte von Anfang an Kohls Wiedervereinigungspolitik eindeutig und entschlossen. Ohne dessen vorbehaltlose Unterstützung hätte es die Wiedervereinigung, so wie sie dann vollzogen wurde, mit ziemlicher Sicherheit nicht gegeben. Die britische Premierministerin Margret Thatcher und Frankreichs Präsident François Mitterrand hätten sie bekanntlich am liebsten verhindert.

George Herbert Walker Bush wurde am 12. Juni 1924 in Milton in Massachusetts geboren. 1942 war er der jüngste Pilot in der amerikanischen Marine. Am 2. September 1944 wurde er bei einem Einsatz in der Nähe der Bonin Inseln im Pazifik abgeschossen und hatte Glück: nach vier Stunden wurde er von einem U-Boot aufgenommen.

Seine politische Karriere begann er 1962 als Vorsitzender der Republikanischen Partei im kleinen Harris County in Texas. 1966 wurde er ins Repräsentantenhaus gewählt und sammelte von da an in verschiedenen Funktionen große internationale Erfahrung: 1971 bis 1973 vertrat er die USA bei der UNO, 1974/75 in Peking, 1976/77 war er Direktor der CIA, 1977 bis 1979 Direktor des Council on Foreign Affairs, 1981 bis 1989 Vizepräsident unter Reagan. Am 20. Januar 1989 wurde er als 41. Präsident vereidigt.

So wie Reagan hatte auch Bush keinerlei Ressentiments gegenüber den Deutschen, was im Übrigen auch für seine Frau Barbara galt. Für den ehemaligen Außenminister Lawrence Eagleburger war Bush »ein Held. Darüber hinaus war er einer der anständigsten Menschen, mit denen bzw. für die ich jemals gearbeitet habe.« In der Außenpolitik hielt Eagleburger ihn für einen der besten amerikanischen Präsidenten des 20. Jahrhunderts.[17] Innenpolitische Fehler – u. a. entgegen Zusicherungen im Wahlkampf (»Read my lips: no more taxes!«) Steuererhöhungen – und ein wirtschaftlicher Abschwung im Wahljahr 1992 führten letztlich dazu, dass die amerikanischen Wähler ihm eine zweite Amtszeit verwehrten.

6. Vom Mauerfall zur Wiedervereinigung

Es war die Nacht vom 9. auf den 10. November 1989, die für Deutsche in Ost und West zur »Nacht der Nächte« wurde.[18] Genau um 23:14 Uhr stellten die »Grenzsicherungsorgane« der DDR in der Bornholmer Straße alle Kontrollen ein, und der leitende Offizier verkündete: »Wir fluten jetzt!« Dann wurden die Schlagbäume geöffnet. Tausende Ostberliner strömten nach West-Berlin, wo sich unbeschreibliche Freudenszenen abspielten. Die Mauer war gefallen, die DDR war gescheitert.

In Washington verfolgten Präsident George Bush und Außenminister James Baker die Ereignisse im Fernsehen. Im Interview meinte Baker später, dass niemand in der US-Regierung auf diese Dinge vorbereitet gewesen sei. Baker: »Alles kam für uns überraschend. Ich war beim Essen mit dem damaligen Präsidenten der Philippinen im State Department, als mir die Nachricht überreicht wurde. Ich entschuldigte mich und ging ins Weiße Haus zu Präsident Bush, wo dieser zu mir sagte: ›Ich möchte nicht, dass irgendjemand lauthals triumphierend auf den Resten der Mauer tanzt, denn wir müssen weiter mit Gorbatschow und [dem sowjetischen Außenminister] Schewardnadse zusammenarbeiten.‹«[19]

Bereits kurz nach 15:30 Uhr Washingtoner Zeit begrüßte Bush öffentlich die Öffnung der Mauer. Zur Überraschung der Journalisten reagierte er jedoch eher zurückhaltend. Während die amerikanische Öffentlichkeit und zahlreiche Politiker aufgewühlt von Live-Berichten aus Berlin auf fast allen Fernsehkanälen euphorisch über das Ende des Eisernen Vorhangs sprachen und einen großen Sieg im Kampf zwischen Ost und West verkündeten, meinte Bush lediglich, er sei »sehr zufrieden«, und begründete seine Zurückhaltung damit, dass er schließlich kein sonderlich emotionaler Typ sei. Dahinter stand seine Sorge, dass die sowjetische Führung durch eine triumphierende Rhetorik verärgert und zu unberechenbaren Schritten verleitet werden könnte.

Der Fall der Mauer war eine Niederlage des Kreml im Kalten Krieg. Angesichts von rund 400 000 sowjetischen Soldaten in der DDR hatte auch Außenminister Baker Bedenken, dass, wie er meinte, »beispielsweise ein Betrunkener oder allzu euphorischer Ostdeutscher einen Vorfall auslösen könnte, der das Ganze außer Kontrolle geraten lassen würde«.[20] Genau diese Bedenken hatte wenig später auch Gorbatschow. Rücksicht auf die Reformer in Moskau war deshalb für Bush und seine Mitarbeiter das Gebot der Stunde. Es gab in Washington zu diesem Zeitpunkt keinen Masterplan für die weitere Entwicklung. Baker erinnerte sich: »Bis zu diesem Zeitpunkt wusste niemand, ob und wann es zu einer Wiedervereinigung kommen würde. Andererseits haben wir dann schnell begriffen, daß sich eine einmalige Gelegenheit dafür ergeben hatte, und zwar eine zeitlich begrenzte Gelegenheit, das zu erreichen, worüber wir 40 Jahre lang gesprochen hatten. Auch wenn Großbritannien, Frankreich und insbesondere die Sowjetunion ernsthafte Bedenken äußerten. Wir hatten diese Bedenken nicht, weil wir der Meinung waren, die Welt hätte sich verändert, und weil wir großes Vertrauen in die deutsche Staatsführung hatten.«[21]

Am 10. November rief Kohl Präsident Bush an und informierte über die Lage, am 17. rief er erneut an und versicherte ihm, er werde bei seinem bisherigen Kurs bleiben und »nichts tun, was die Lage destabilisieren könne. Er müsse aber nochmals wiederholen, daß ohne wirkliche Reformen die Regierung der DDR sich nicht halten könne.« Er dankte Bush noch einmal für dessen öffentliche Äußerungen und die Unterstützung der Bonner Politik. Es sei wichtig, »daß die Deutschen sehen, daß ihre Freunde die Entwicklung mit Sympathie beobachteten«. Bush bestätigte erneut, dass die USA die Reformen weiter unterstützen würden, mahnte aber, man müsse unvorhersehbare Reaktionen in der DDR oder der Sowjetunion vermeiden: »Deshalb müsse man von großer Rhetorik Abstand nehmen. Man müsse deshalb auch davon absehen, über die Wiedervereinigung oder einen Zeitplan zum Abriß der Mauer zu reden.« Im amerikanischen Protokoll heißt es an dieser Stelle: »Wir werden nicht mit großen Reden zur Wiedervereinigung ermuntern

31. Mai 1989: George H. W. Bush und Helmut Kohl an Bord der »Stolzenfels« auf dem Rhein. Für Bush ist Bonn »partner in leadership«.

und auch keine Zeitpläne aufstellen. Wir werden das Problem nicht verschärfen, indem der Präsident der Vereinigten Staaten vor der Berliner Mauer posiert.«

Im deutschen Protokoll heißt es, in den USA bestünde jetzt eine Euphorie wegen der Veränderungen in diesen Ländern. Dies sei ein gewisses Risiko. Man dürfe nicht zulassen, dass der Präsident der Vereinigten Staaten in eine Lage komme, in der er dieser Stimmung nachgeben müsse. Bush wies dann auf sein anstehendes Treffen mit Gorbatschow auf Malta Anfang Dezember hin und bat um die persönliche Stellungnahme Helmut Kohls, auf die er »größten Wert« lege. Er wolle vom Kanzler persönlich dessen Rat und Vorschläge erhalten. Zum Schluss betonte Bush noch einmal, dass er absolut sicher sein wolle, dass er jede Nuance der deutschen Frage und der Position Helmut Kohls erfasst habe.[22]

Kohl ergriff mit dem inzwischen berühmten Zehn-Punkte-Plan die Initiative, die deutlich in Richtung Wiedervereinigung wies. In seinen Erinnerungen weist er darauf hin, dass er nur einen Verbündeten vorab, nämlich Präsident Bush, in einem verschlüsselten Schreiben informiert habe. Der, obwohl vom Plan überrascht und ohne jegliche Hintergrundinformation, stellte sich öffentlich sofort hinter den Kanzler. Damals kam es zu einer einzigartigen deutsch-amerikanischen Zusammenarbeit in Sachen Wiedervereinigung.[23]

7. Bill Clinton

Helmut Kohl erging es 1992 so wie Helmut Schmidt 1976 und 1980: Der hatte sich bei den Präsidentenwahlen öffentlich für die Wiederwahl des amtierenden Präsidenten – und späteren Verlierers – eingesetzt: 1976 für Gerald Ford, 1980 für Jimmy Carter. Ronald Reagan nahm das 1980 sportlich, Jimmy Carter, der »Mann des langen Gedächtnisses«, bekanntlich nicht. Helmut Kohl setzte sich öffentlich für eine Wiederwahl seines Freundes George H. W. Bush ein, der dann am 3. November 1992 abgewählt wurde. Der neue Präsident hieß Bill Clinton. Der nahm Kohls Empfehlung für Bush auch sportlich.

Clinton war Demokrat und kam aus Arkansas, wo er am 19. August 1946 in dem kleinen Ort Hope geboren wurde. Als Student erhielt er ein Rhodes-Stipendium und studierte zwei Jahre in Oxford in Großbritannien. Er nutzte den Aufenthalt dort für Reisen auf dem Kontinent. So besuchte er 1969 erstmals Deutschland, wo ihn unter anderem der Kölner Dom besonders beeindruckt hatte. In Bayern führte ihn sein Freund erstmals an die scharf bewachte innerdeutsche Grenze. Dies waren Eindrücke, die Clinton nicht mehr vergaß. Zurück in den USA wurde er 1976 der jüngste Gouverneur von Arkansas, um dann der 42. Präsident der USA zu werden.

Helmut Kohl wäre nicht Helmut Kohl gewesen, hätte er nicht versucht, seine Wahlempfehlung sofort aus der Welt zu schaffen: Am 9. November griff er zum Telefon und rief Clinton an. Er beglückwünschte ihn noch einmal – schriftlich hatte er es schon getan – zu seinem Wahlerfolg und wünschte viel Erfolg und Glück für die Zukunft. Der Gouverneur trete sein Amt in einer schwierigen und entscheidenden Zeit an. Er hoffe, dass man gut zusammenarbeiten werde. Die enge Zusammenarbeit mit den USA sei ein »Hauptpfeiler der deutschen Außenpolitik«. Clinton bedankte sich und äußerte jetzt schon seine »große Bewunderung« für Kohls »mutige Politik, vor allen Dingen beim Zustandekommen der deutschen Einheit. Auch er wünsche eine enge und fruchtbare Zusammenarbeit mit Deutschland und wolle insofern die Politik von Präsident Bush fortsetzen.« Kohl hoffte auf weitere Telefongespräche und Clinton freute sich auf ein baldiges Treffen; er sei im Übrigen schon mehrfach in Deutschland gewesen. Und dann äußerte er noch einmal seine Bewunderung für die »wirtschaftspolitischen Anstrengungen«, die Kohl unternehme. Er wisse, wie schwierig die Zeiten auch für den Bundeskanzler seien und welch wichtigen Beitrag Deutschland zur Weltwirtschaft leiste.[24]

Am 20. Januar 1993 fand die Inauguration von Bill Clinton statt. Wenige Tage zuvor hatte Kohl dem scheidenden Präsidenten Bush im Namen des deutschen Volkes und auch persönlich noch einmal seinen tief empfundenen Dank für dessen Leistungen für Frieden und Freiheit in der Welt, für seine unschätzbare Unterstützung auf dem Weg zur deutschen Einheit und für die Festigung der deutsch-amerikanischen Freundschaft und Partnerschaft ausgesprochen. Und weiter: »Nicht zuletzt aber ist Ihnen das deutsche Volk zu bleibendem Dank verpflichtet, weil sie die Vereinigung Deutschlands im Geiste der unsere Länder verbindenden Freundschaft von Anfang an energisch unterstützt und entscheidend zu ihrer Verwirklichung beigetragen haben. Hierfür ist Ihnen ein Ehrenplatz im Buch der deutschen Geschichte sicher.«[25]

Am 18. Januar rief Kohl Bush an, um erneut seinen Dank für alles auszusprechen, was er für die Deutschen getan habe. Er habe schon geschrieben, wolle dies aber noch einmal persönlich zum Ausdruck bringen. Der Präsident habe allen Grund, voller Genugtuung und Stolz auf seine Zeit zurückzublicken. Wenige Amerikaner hätten soviel für ihr Land getan wie er. »Ihm sei ein Platz in der Geschichte sicher.« Bush war sichtlich gerührt, dass Kohl angerufen hatte. Er habe sehr gerne mit dem Bundeskanzler zusammengearbeitet.[26]

An Clinton schrieb Kohl einen Brief, in dem er auf die deutsch-amerikanische Partnerschaft hinwies und darauf, was die beiden Länder verband: gemeinsame Werte, eine fest gefügte Freundschaft und eine enge, in Jahrzehnten bewährte Zusammenarbeit. Das nordatlantische Bündnis bleibe dabei ein entscheidendes Bindeglied dieser Partnerschaft, das nicht nur Sicherheit und Stabilität für die eigenen Mitglieder gewährleiste, sondern auch zum Anker der Hoffnung für die neuen Partner im Osten geworden sei. Es werde sein vorrangiges Ziel sein, die ausgezeichneten Beziehungen zwischen den beiden Ländern über den Atlantik hinweg auszubauen.[27]

Am 26. März 1993 machte Kohl seinen Antrittsbesuch bei dem 16 Jahre jüngeren Clinton in Washington. Kohl erinnerte sich auch später noch gut daran, »wie beklommen wir beide waren«.[28] Das legte sich dann aber schon sehr bald. Clinton war unkompliziert, und es begann damals eine Freundschaft, die auch in den folgenden Jahren Bestand hatte. »Helmut« und »Bill« hatten keine Probleme miteinander. Zwischen ihnen stimmte die »Chemie«, ein Phänomen, das Kohl bei so manchen wichtigen Politikern wertvolle Dienste geleistet hat.

Clinton nennt Kohl in seinen Erinnerungen einen »einmaligen Geschichtenerzähler, mit einem guten Sinn für Humor«.[29] Das begann bereits an jenem 26. März. Ganz außerhalb der Tagesordnung erzählte Kohl dem neuen Präsidenten seine ganze Lebensgeschichte, der wiederum machte Kohl mit seiner Mutter bekannt. In den anschließenden Gesprächen standen die deutsch-amerikanischen Beziehungen im Mittelpunkt. Kohl betonte, er sei stets ein Vorkämpfer dieser Beziehungen gewesen. Ein gutes deutsch-amerikanisches Verhältnis sei im Grunde genommen heute wichtiger als vor 40 Jahren, als die Umstände psychologisch einfacher gewesen seien. Er wolle den Beziehungen eine neue Dimension geben und spreche dabei zunächst den sicherheitspolitischen Bereich an. Es sei klar, dass die USA ihre Truppen in Europa reduzieren würden. Wichtig sei, dass die Zahl der verbleibenden Truppen glaubwürdig bleibe. Die deutsch-amerikanischen Beziehungen hätten tiefe Wurzeln, die auf die Zeiten des Marshallplans und die seinerzeitige Politik von Präsident Truman zurückgingen, der den Deutschen die Hand ausgestreckt habe.

Clinton erklärte, er sei während seines Studiums in Großbritannien häufiger nach Deutschland gefahren und habe seinerzeit fast fließend Deutsch gesprochen. Dann ging es um Russland und Präsident Jelzin. Kohl betonte, er setze auf Jelzin, auch wenn darin ein Risiko liege. Clinton stimmte zu, es sei wichtig, den Versuch zu wagen, auch wenn er scheitere. Selbst wenn Jelzin politisch nicht überlebe, werde man die Chance haben, die Tür offenzuhalten. Kohl stimmte zu und ergänzte, selbst wenn es schief gehe, werde der Nachfolger Jelzins sich auch überlegen müssen, wie man mit den USA, Deutschland und anderen westlichen Staaten zusammenarbeiten könne.[30]

Am 31. Januar 1994 war Kohl wieder in Washington. Als erster europäischer Regierungschef sprach er vor den 50 amerikanischen Gouverneuren. Die Amerikaner hätten für ihre Rolle als Weltmacht oft genug Undank geerntet, nun sei es Zeit zur Dankbarkeit. Er beschwor Bilder aus der deutschen Nachkriegszeit, als er selbst als hungerndes Kind »Hoover-Speisen« auf dem Schulhof erhalten habe. Das hörten die Amerikaner gerne. Dann aber ging Kohl zur Gegenwart über und wurde hinsichtlich der aktuellen Aufgaben sehr deutlich: »Amerikas Rolle ist nicht beendet. Die dauerhafte Absicherung von Freiheit, Demokratie und Marktwirtschaft in ehemals kommunistischen Teilen Europas ist eine gewaltige Aufgabe. Nur ein starkes Amerika ist in der Lage, seine globale Verantwortung wahrzunehmen. Ihr Land ist nach dem Zerfall der Sowjetunion die einzig verbleibende Weltmacht. Nach wie vor richten sich die Hoffnungen und Erwartungen der Welt auf Sie. Ich kann gut verstehen, daß dies mitunter auch als Last empfunden wird.«

Dennoch müssten Amerikaner gemeinsam mit den Europäern »den Weg Rußlands wie auch der anderen Reformstaaten zu einer stabilen Demokratie unterstützen«. Kohl mahnte: »Wenn wir dies nicht tun, werden wir einen hohen Preis zu

14. Mai 1998: Bill Clinton und Helmut Kohl auf der Wartburg. Clinton ist der erste amerikanische Präsident, der die ehemalige DDR besucht.

zahlen haben. Europa braucht Amerika auch in Zukunft, und Amerika braucht Europa.«[31]

Das war auch das Thema des anschließenden Gesprächs mit Clinton im Washingtoner Lieblingsrestaurant Kohls, dem Italiener »Filomena«. Es ging um die Unterstützung Russlands und der Ukraine, dann um die Situation in Jugoslawien. Kohl mahnte, man müsse jetzt alles dafür tun, um die Muslime »nicht in die Ecke zu manövrieren«. Dieser Fragenkomplex gehe in seiner Bedeutung »weit über Bosnien-Herzegowina hinaus. Man müsse nur bedenken, daß es in der Welt 800 Mio. Muslime gebe. Wenn man jetzt nicht richtig vorgehe, müßten viele dies später bitter bezahlen.« Er halte es für notwendig, einen neuen Versuch zu einer Friedenslösung zu wagen. Clinton stimmte auch hier zu: »Wenn man nichts tue, riskierten die USA wie auch Europa, in eine schlimme Lage zu geraten.« Es ging dann um »Partnerschaft für den Frieden« mit den osteuropäischen Staaten und deren späteren Beitritt zur Europäischen Union. Clinton stimmte Kohl in allen Fragen ausdrücklich zu.[32]

In seinen Erinnerungen schreibt Kohl: »Trotz der kurzen Zeit unserer Bekanntschaft war eine erstaunlich enge Beziehung zwischen Bill Clinton und mir entstanden. In den bisher zwölf Jahren meiner Kanzlerschaft hatte ich mit keinem amerikanischen Präsidenten ein so vertrautes Verhältnis gepflegt, selbst nicht mit George Bush. Vor allem schätzte ich bei Clinton, wie unverkrampft und vorurteilsfrei er Deutschland sah. Er war der erste US-Präsident, dessen Deutschlandbild nicht durch die Erfahrungen im Zweiten Weltkrieg geprägt war. Ich schätzte Clintons Pragmatismus und seine positive Grundeinstellung.«[33]

Im Juli 1994 besuchte Clinton im Anschluss an den G7-Weltwirtschaftsgipfel in Neapel Deutschland. Er und seine Frau Hillary gingen gemeinsam mit den Kohls vom Reichstag durch das Brandenburger Tor entlang jener Linie, auf der die Mauer gestanden hatte. Clinton erinnerte an seine Vorgänger Kennedy und Reagan, die bemerkenswerte Reden auf der westlichen Seite der Mauer gehalten hatten. Jetzt stand er auf der östlichen Seite des Brandenburger Tors und hielt vor etwa 50 000 Deutschen ebenfalls eine Rede. Er beschwor die Deutschen, Europa zu einer größeren Einheit zu führen, und beendete seine Ausführungen nach dem Vorbild Kennedys mit einem Satz auf Deutsch, nämlich: »Amerika steht an Ihrer Seite. Jetzt und für immer! Nichts wird uns aufhalten. Alles ist möglich. Berlin is free!« Mehr Kontinuität und Symbolik war kaum möglich.

Clinton war ein Freund der Deutschen und ein Bewunderer Kohls. In seinen Erinnerungen sagt er offen, dass er den Bundeskanzler mochte. Später gab er zu, dass er in vielen wichtigen Fragen dessen Ratschlag annahm, etwa im Verhältnis zu Russland oder dem Abzug der russischen Truppen aus den baltischen Staaten sowie zu den Themen Jugoslawien, Weltwirtschaft und NATO-Osterweiterung.

Mit keinem amerikanischen Präsidenten pflegt Helmut Kohl ein so vertrautes Verhältnis wie mit Bill Clinton. Clinton: »Ich mochte Helmut Kohl sehr.«

VIII. 1998–2005: GERHARD SCHRÖDER, BILL CLINTON UND GEORGE W. BUSH

1. Gerhard Schröder

Am 13. und 14. Mai 1998 war Clinton wieder in Deutschland. Der Anlass war der 50. Jahrestag der alliierten Luftbrücke.

Während seines Aufenthaltes in Berlin sprach er auch mit Gerhard Schröder, dem Kanzlerkandidaten der SPD. Schröder machte einen guten Eindruck auf Clinton, der ihn in seinen Erinnerungen als »hart, clever und mit klaren Vorstellungen, von dem, was er wollte«, beschreibt. Clinton wünschte ihm alles Gute und meinte, im Falle seines Sieges bei der Bundestagswahl wolle er ihn nachhaltig unterstützen.

Schröder hatte in der Tat klare Vorstellungen von dem, was er wollte – und das schon in frühen Jahren. Schröder, Jahrgang 1944, kam aus ärmlichen Verhältnissen und über den zweiten Bildungsweg 1966 zum Abitur. Anschließend studierte er in Göttingen Jura – mit erstem und zweitem Staatsexamen – und ließ sich 1976 als Rechtsanwalt in Hannover nieder. Seit 1963 ist Schröder Mitglied der SPD, 1978 bis 1980 war er Bundesvorsitzender der Jusos und hatte in dieser Zeit auch spektakuläre Auftritte in Ost-Berlin. 1990 bis 1998 war er Ministerpräsident von Niedersachsen. Am 27. September 1998 wurde Helmut Kohl nach 16 Jahren als Bundeskanzler abgewählt und Schröder bildete die erste rot-grüne Koalition auf Bundesebene, mit dem Grünen Joschka Fischer (Jahrgang 1948) als Vizekanzler und Außenminister.

Unmittelbar nach Bekanntgabe des Wahlergebnisses lud Clinton Gerhard Schröder nach Washington ein. Noch vor der Wahl zum Bundeskanzler am 27. Oktober waren dann Schröder und Fischer im Weißen Haus. Clinton war ein ähnlich umgänglicher Typ wie Schröder, so dass sich beide auf Anhieb verstanden. Dasselbe geschah zwischen Fischer und seiner amerikanischen Kollegin Madeleine Albright, zwischen denen schon bald so etwas wie eine persönliche Freundschaft entstand.[1]

Das Treffen in Washington diente allerdings nicht nur dem gegenseitigen Kennenlernen, es ging bereits um harte politische Fakten, mit denen die neue Bundesregierung schon bald konfrontiert wurde: dem Krieg im Kosovo.

2. George W. Bush

George W. Bush, geboren am 6. Juli 1946 in New Haven, Connecticut, studierte an der Yale Universität, schloss dort 1968 als Bachelor in Geschichte ab und besuchte dann die Harvard Business School, wo er den Titel Master of Business Administration erwarb. Er verpflichtete sich dann in der Nationalgarde, was ihm später den Vorwurf eintrug, er habe sich damit dem Einsatz in Vietnam entzogen. In den 1970er und Anfang der 1980er Jahre war er im Ölgeschäft tätig, dabei aber nicht immer sehr erfolgreich. Er hatte Probleme mit dem Alkohol, bis er 1986 von den Anglikanern zu den Methodisten konvertierte und seither als »wiedergeborener Christ« auf Alkohol vollkommen verzichtet. 1988 war er Mitglied im Wahlkampfteam seines Vaters George H. W. Bush, 1994 wurde er dann zum Gouverneur von Texas gewählt und 1998 wiedergewählt. Im Jahr 2000 wurde er Präsidentschaftskandidat der Republikaner. Verglichen mit seinem international erfahrenen Vater hatte er von Außenpolitik wenig bis gar keine Ahnung. Er hatte sich selten im Ausland aufgehalten und distanzierte sich entschieden von der Politik seines demokratischen Gegenkandidaten, Vizepräsident Al Gore.

Als »wiedergeborener Christ« kam Bush bei Schröder gar nicht gut an. Der schreibt in seinen Erinnerungen über den Besuch des US-Präsidenten im Mai 2002 in Berlin, bei ihm habe sich der Eindruck aufgedrängt, politische Entscheidungen von Bush seien die Folge seines Gesprächs mit Gott. Diese Absolutheit im Anspruch »verstärkte meine politische Skepsis«. Das Bündnis von »neokonservativen Intellektuellen und christlichen Fundamentalisten, das erheblichen Einfluss auf die Politik der USA ihres Präsidenten hatte und noch hat«, betrachtete Schröder von Anfang an als »problematisch für die Welt und für Amerika«.[2] Trotzdem hätten Schröder und Bush vom Typus her gut miteinander auskommen können. Anfangs war das auch so.

Beim 9/11 Terrorakt 2001 sicherte Schröder den USA »uneingeschränkte Solidarität« zu. Die große Zustimmung der Bevölkerung wurde deutlich, als sich beim Schweigemarsch in Berlin mehr als 200 000 Personen vor dem Brandenburger Tor versammelten. Es war dies die erste große proamerikanische Demonstration seit dem Kennedy-Besuch 1963.

Schröders Antikriegspolitik beim Irakkrieg führte dann allerdings zu einem Tiefpunkt in den gegenseitigen Beziehungen.

Alles begann mit einem Gespräch im kleinen Kreis im Weißen Haus am 31. Januar 2002, an dem auf deutscher Seite neben Schröder Botschafter Wolfgang Ischinger und Dieter Kastrop, Abteilungsleiter Außenpolitik im Kanzleramt, teilnahmen. Bush schreibt in seinem Buch, Schröder habe ihm bei diesem Treffen die volle Unterstützung für seine Irakpolitik zugesagt. Er selbst habe dem Kanzler klargemacht, dass er als letzte Option auch mit militärischer Gewalt gegen Iraks Machthaber Saddam Hussein vorgehen würde. Schröder habe daraufhin geantwortet: »Was für Afghanistan richtig ist, ist auch für den Irak richtig. Nationen, die den Terrorismus unterstützen, müssen mit Konsequenzen rechnen. Wenn Sie es schnell und entschieden

27. Juni 2005: Gerhard Schröder zum sechsten und letzten Mal im Oval Office im Weißen Haus zu Gast bei US-Präsident George W. Bush. Dieses Bild täuscht. Zwischen den beiden Politikern herrscht seit dem Irakkrieg 2003 Eiszeit. Bush ist überzeugt davon, dass ihn Schröder »reingelegt« hat, wie er in seinen Memoiren schreibt. Schröder: »Bush sagt nicht die Wahrheit.«

erledigen, dann bin ich mit Ihnen.« Bush fährt fort: »Dies habe ich als Erklärung der Unterstützung aufgenommen.«[3]

Schröder entschied sich gegen eine Teilnahme am Irakkrieg. Bush wirft ihm vor, im Wahlkampf von der ursprünglichen Zusage abgerückt zu sein: »Als die Wahlen in Deutschland bevorstanden, hatte Schröder plötzlich einen anderen Dreh.« Gegenüber einem Botschafter klagte er, Schröder habe ihn hintergangen, und in seinen Memoiren sieht er darin den Grund für den dauerhaften Bruch in ihren Beziehungen, denn: »Ich schätze persönliche Diplomatie und lege viel Wert auf Vertrauen. Als dieses Vertrauen verletzt wurde, war es schwierig, noch einmal eine konstruktive Beziehung zu unterhalten.«[4]

Die zwei hatten sich jedenfalls nichts mehr zu sagen. Die Eiszeit dauerte bis zur Abwahl Schröders im Jahre 2005.

Stralsund, 13. Juli 2006: Ein Heringsfass als Souvenir für US-Präsident George W. Bush; hier mit Frau Laura, Angela Merkel und deren Mann Joachim Sauer.

IX. 2005–2016: ANGELA MERKEL, GEORGE W. BUSH UND BARACK OBAMA

1. Angela Merkel

Für Schröders Nachfolgerin im Kanzleramt, Angela Merkel, war George W. Bush dagegen voll des Lobes. Er bezeichnete sie als »vertrauenswürdig und warmherzig. […] Sie wurde schnell zu einem meiner besten Freunde auf der Weltbühne.«[1]

Anders als Schröder hatte sich Merkel im Februar 2003 für die Teilnahme am Irakkrieg ausgesprochen. Sie hielt diesen Krieg für »unvermeidbar«. Es sei »unverantwortlich, den Einsatz militärischer Gewalt als das letzte Mittel auszuschließen«. In Washington wurde sie von Vizepräsident Cheney und Verteidigungsminister Rumsfeld empfangen. Die SPD sprach von einer Nebenaußenpolitik. Den Handschlag mit dem Präsidenten gab es bei dessen Besuch in Mainz im Mai 2005. Der »Ritterschlag« folgte im November 2007, als Bush ihr die größte Ehre zuteilwerden ließ, die er vergeben konnte: eine Einladung auf seine Ranch in Crawford, Texas.

Als der Irakkrieg begann, konnte Angela Merkel bereits auf eine erstaunliche politische Karriere zurückblicken – mit Potenzial nach oben, wie sich schon bald zeigen sollte.

Am 17. Juli 1954 wurde sie als Pfarrerstochter in Hamburg geboren und zog mit ihren Eltern 1957 in die DDR. Dort arbeitete sie ab 1978 als Physikerin in der Akademie der Wissenschaften. Nach dem Mauerfall engagierte sie sich zunächst im Demokratischen Aufbruch, setzte sich dann für die Fusion mit der Ost-CDU und schließlich mit der westdeutschen CDU am 1./2. Oktober 1990 ein. In dieser Zeit war sie auch stellvertretende Regierungssprecherin der Regierung von Lothar de Maizière gewesen.

1991 wurde sie für viele überraschend von Bundeskanzler Kohl zur Bundesministerin für Frauen und Jugend ernannt. 1994 wurde sie erneut Ministerin, diesmal für Umwelt, Naturschutz und Reaktorsicherheit. Nach der Wahlniederlage der CDU 1998 wurde sie am 7. November jenes Jahres zur Generalsekretärin ihrer Partei gewählt. In dieser Funktion wurde erkennbar, was diese Frau antrieb. Am 16. Dezember 1998 hatte Kohl vor den Fernsehkameras des ZDF erstmals öffentlich eingeräumt, zwischen 1993 und 1998 Spenden in Höhe von 1,5 bis 2 Millionen DM angenommen zu haben. Gleichzeitig weigerte er sich hartnäckig, die Namen der Spender zu nennen. Er bekannte weiter, dass er den Spendenbetrag am CDU-Schatzmeister vorbei in die Parteiarbeit gesteckt habe. Den Vorwurf, er habe sich als Bundeskanzler »schmieren lassen«, wies er aber mit aller Entschiedenheit zurück.

Was er dann in der *Frankfurter Allgemeinen Zeitung* vom 22. Dezember 1999 lesen konnte, verschlug ihm fast den Atem. Angela Merkel distanzierte sich »in aller Form« von ihrem langjährigen Förderer und »Übervater«. Diesen Frontalangriff auf seine Person hat der Altkanzler bis zu seinem Tod nicht verwunden. Wörtlich hieß es in dem Merkel-Artikel: »Die Partei muss also laufen lernen, muss sich zutrauen, in Zukunft auch ohne ihr altes Schlachtross, wie Helmut Kohl sich selbst oft gerne genannt hat, den Kampf mit dem politischen Gegner aufzunehmen. […] Vielleicht ist es nach einem so langen politischen Leben, wie Helmut Kohl es geführt hat, wirklich zuviel verlangt, von heute auf morgen alle Ämter niederzulegen, sich völlig aus der Politik zurückzuziehen und den Nachfolgern, den jüngeren, das Feld schnell ganz zu überlassen.«[2]

Angela Merkel, die ohne Helmut Kohl beruflich vermutlich im Wissenschaftsbereich geblieben wäre, verlangte ultimativ dessen Rücktritt vom Amt des CDU-Ehrenvorsitzenden und die Aufgabe seines noch verbliebenen Bundestagsmandats. Sie

Politische Gespräche unter vier Augen. George W. Bush: »Die USA und Deutschland stehen Seit' an Seit'.« Bush in seinen Memoiren: »Angela war vertrauenswürdig, engagiert und warmherzig. Sie wurde schnell zu einem meiner besten Freunde auf der Weltbühne.«

wollte den totalen Bruch mit Kohl. Ihr gelang es, die wichtigsten Leute der Partei hinter sich zu bringen. Kohl legte wenig später tatsächlich den Ehrenvorsitz der CDU nieder und Merkel wurde am 10. April 2000 zur Bundesvorsitzenden der Partei gewählt. Fünf Jahre später war sie am Ziel: Am 22. November 2005 wurde sie Bundeskanzlerin einer großen Koalition von CDU/CSU und SPD.

Am 17. Dezember 2013 wurde sie als Bundeskanzlerin zum dritten Mal hintereinander gewählt, nachdem sie die CDU/CSU bei der Bundestagswahl am 22. September fast zur absoluten Mehrheit an Mandaten geführt hatte. Damit bestätigten die Wählerinnen und Wähler das, was symbolische Würdigungen der Bundeskanzlerin bei ihren Staatsbesuchen in den USA schon zum Ausdruck gebracht hatten: Sie hoben Angela Merkel auf die historischen Höhen von Adenauer und Kohl.

Zu diesem Zeitpunkt hatte sie es schon knapp fünf Jahre mit einem neuen Partner im Weißen Haus zu tun. Denn am 4. November 2008 war in den USA ein neuer Präsident gewählt worden:

2. Barack Obama

Barack Obama wurde am 4. August 1961 in Honolulu geboren und war der erste afro-amerikanische US-Präsident. Er ist ein Produkt des *American Dream*, jenem festen Glauben vieler Amerikaner, dass jedes Individuum durch harte Arbeit und eigene Willenskraft sich verbessern und damit sein Glück machen kann. In keiner anderen Nation hätte eine solche politische Karriere wie die von Obama stattfinden können, auch und gerade nicht in Europa. Und da war 2008 die »Obamania«, eine unkritische, schwärmerische Obama-Begeisterung, ausgebrochen. Die spielte sich in besonders großem Ausmaß in Deutschland ab, wo die USA mit der Aussicht auf das Ende der Bush-Ära wieder hoch im Kurs standen.

Diese Begeisterung der Deutschen für Obama war Angela Merkel stets etwas suspekt, was das gegenseitige Verhältnis belastete. US-Präsidentschaftskandidaten hatten es in Deutschland wiederholt schwer gehabt. So wurde Ronald Reagan im November 1978 von Bundeskanzler Helmut Schmidt nur kurz empfangen. 30 Jahre später verhinderte Angela Merkel einen Auftritt von Barack Obama vor dem Brandenburger Tor und vor dem Schöneberger Rathaus. Vor letzterem hatte John F. Kennedy 1963 gesprochen, vor dem Brandenburger Tor 1987

Ronald Reagan und 1994 Clinton – jeweils als Präsidenten. Obama musste sich mit der nicht ganz so symbolhaften Siegessäule zufriedengeben, die keinen Bezug zu Kennedy oder Clinton herstellte. Als amtierender Präsident war er bereits 2009 zweimal in Deutschland, ohne bei dieser Gelegenheit Berlin zu besuchen.

Erst in seiner zweiten Amtszeit kam er wieder in die deutsche Hauptstadt, wo er diesmal an einer gewünschten historischen Stelle sprechen konnte. Am 19. Juni 2013, fast auf den Tag genau 50 Jahre nach Kennedys »Ich bin ein Berliner«, geschah dies wie bei Clinton 1994 symbolhaft auf damals feindlichem Territorium, wie Obama in seiner Rede betonte: »Ich bin stolz, auf der Ostseite des Brandenburger Tors zu stehen.«

Symbolik mit diesem Ort in gegenteiliger Art entstand nur vier Monate später, im Oktober 2013, als bekannt wurde, dass die direkt neben dem Standort der Obama-Rede stehende US-Botschaft als das Hauptquartier einer umfassenden Überwachung deutscher Kommunikationsnetze durch den größten US-Auslandsgeheimdienst NSA (National Security Agency) fungiert, bei der sogar das Handy der Bundeskanzlerin angezapft wurde.

Die anfängliche Obama-Begeisterung, die ihren Höhepunkt mit der Verleihung des Friedensnobelpreises an Obama bereits am Ende seines ersten Amtsjahres 2009 erreichte, war schon zuvor wohltuendem Realismus gewichen – auch unter Berücksichtigung all der Probleme, die Obama geerbt hatte: Finanzkrise, Wirtschaftskrise, Gesundheitsreform, Klimaschutz und zwei Kriege: Irak und Afghanistan. Dabei wurde auch realisiert, dass sich das Gesicht der USA in den vergangenen Jahrzehnten gesellschaftlich und kulturell massiv verändert hat. Bei allen neuen, alten Problemen: ganz ohne die »mächtigste Frau der Welt« – so das amerikanische Magazin *Forbes* – ging nichts.

Nicht umsonst wurde Angela Merkel in Washington mit Ehrungen geradezu überhäuft und in eine Reihe mit Konrad Adenauer und Helmut Kohl gestellt. 2009 war sie die erste Deutsche seit Adenauer 1959, die vor beiden Häusern des Kongresses sprechen durfte. Sie erzählte dort von ihrer Jugend in der DDR: »Ich habe mich, wie viele andere Teenager auch, begeistert für Jeans einer bestimmten Marke, die es in der DDR nicht gab und die mir meine Tante aus dem Westen regelmäßig geschickt hat.« Sie sprach auch von ihrer Begeisterung für den *American Dream* und für die »Weite der amerikanischen Landschaften, die den Geist der Freiheit und Unabhängigkeit atmen«. In der *Süddeutschen Zeitung* hieß es dazu: »Wenn es so etwas gibt wie eine besondere Schwäche Merkels für die USA und eine Schwäche amerikanischer Politiker für Merkel, so wurzelt beides in dieser Geschichte vom ostdeutschen Teenager mit Fernweh.« Und man muss ergänzen: Diese Zuneigung gilt einer Kanzlerin, die in einem kommunistischen Regime aufgewachsen war und nun vor dem Kongress sprechen konnte. George W. Bush mochte das, und er mochte Merkel. Aber auch Barack Obama hatte nichts gegen solche Geschichten und rühmte die Bundeskanzlerin: »Aufgewachsen im kommunistischen Ostdeutschland, träumte Angela Merkel von Freiheit. Und als die Mauer endlich fiel und Deutschland sich wiedervereinigte, durchbrach sie selbst Barrieren und wurde die erste Ostdeutsche und die erste Frau als Kanzlerin Deutschlands.«

Im Juni 2011 war sie zum wiederholten Mal in Washington. Dort gab es zum ersten Mal seit Kohl 17 Jahre zuvor ein Staatsbankett für eine deutsche Politikerin – und das erste, das Obama gab. Bei der Gelegenheit erhielt sie im Rosengarten des Weißen Hauses die *Presidential Medal of Freedom*, die Freiheitsmedaille des amerikanischen Präsidenten. Das ist zusammen mit der goldenen Ehrenmedaille des US-Kongresses die höchste Auszeichnung der USA für Zivilisten. Obama

7. Juni 2011: Bundeskanzlerin Angela Merkel und US-Präsident Barack Obama im Weißen Haus. Der Präsident hatte ihr kurz zuvor die Freiheitsmedaille verliehen, die höchste Auszeichnung der USA für Zivilisten.

überschüttete Merkel bei dieser Gelegenheit geradezu mit Lob: »Unsere deutschen Verbündeten sind für uns wichtiger als je zuvor – und Kanzlerin Merkel ist eine der engsten Partner, die ich auf der Welt habe.«[3]

Merkel gab sich staatstragend: »Wir Deutsche wissen, dass wir in Amerika einen wahren Freund haben. Als Mauer und

Stacheldraht Deutschland teilten, da stand die USA fest an unserer Seite. Das werden wir nie vergessen. Unsere Partnerschaft ist und bleibt eine der Grundpfeiler der deutschen Außenpolitik. Unsere Freundschaft heute ist genauso tief wie vor 20 Jahren, als die Mauer fiel. Ich werde diesen Tag nicht vergessen.«[4]

Am 6. November 2012 gewann Obama überraschend deutlich die US-Präsidentenwahl gegen seinen republikanischen Herausforderer Mitt Romney. In seiner Antrittsrede zur zweiten Amtszeit am 21. Januar 2013 gab er sich entspannt und hielt ein selbstbewusstes, kämpferisches Plädoyer für linksliberale Ideale als amerikanische Werte: soziale Gerechtigkeit, ein starker Staat und Bürgerrechte als Grundlagen einer erfolgreichen und zukunftsfähigen Gesellschaft. Auch der Klimaschutz blieb nicht unerwähnt.

Wie wichtig Deutschland auch in Zukunft sein würde, machte der neue US-Außenminister John Kerry bei seinem Besuch in Berlin am 26. Februar 2013 deutlich. Kerry hatte ein besonderes Verhältnis zu Deutschland. Er lebte als Sohn eines Diplomaten 1954 bis 1956 in Berlin, sprach sogar einigermaßen Deutsch. Anders als seine Vorgängerin Hillary Clinton führte ihn seine erste Auslandsreise als Außenminister nicht nach Asien, sondern nach Europa und Deutschland. In Berlin lobte er Angela Merkel für die »herausragende« Führungsrolle in Europa und den transatlantischen Beziehungen: »Wir danken Ihnen für eine exemplarische Führung.« Er bezog sich dabei nicht nur auf Wirtschaftsfragen, sondern auch auf politische Themen. Die Beziehungen der USA zu Deutschland nannte er »eine unserer stärksten und dynamischsten Allianzen in der Welt«. Und dann kam Donald Trump.

X. SEIT 2016: DONALD TRUMP UND ANGELA MERKEL

1. Der Narzisst Donald Trump

Als Donald Trump, Jahrgang 1946, im Juni 2015 im Atrium seines Trump Towers in New York vor laufenden Fernsehkameras seine Kandidatur für die Präsidentschaftswahl verkündete, applaudierten die Anwesenden begeistert. Was nur wenige wussten: Viele von denen, die da applaudierten, waren Statisten, die für ihren Beifall 50 Dollar kassierten. Mit populistischen und politisch unkorrekten Sprüchen beleidigte Donald Trump in den folgenden Wochen und Monaten jeden und ganze Volksgruppen: Zwei bekannte US-Journalistinnen waren »unattraktiv – von außen und innen«; über einen körperlich Behinderten machte er sich lustig, indem er seine Bewegungen nachäffte. Aus Mexiko würden nur Menschen kommen, die Drogen ins Land brächten und Verbrecher und Vergewaltiger seien; also will er eine Mauer an der mexikanisch-amerikanischen Grenze bauen – und Mexiko muss sie bezahlen. Moslems sind für die Terroranschläge in San Bernardino und Orlando verantwortlich: also Einreiseverbot für sämtliche Moslems. Den IS wolle er als Präsident »einfach zusammenbomben«, sich mit Russlands Putin gut verstehen; die NATO sei »obsolet«, Merkel habe mit ihrer Flüchtlingspolitik Deutschland ruiniert; das Freihandelsabkommen zwischen Mexiko, den USA und Kanada (NAFTA) werde er neu verhandeln, notfalls kündigen und hohe Strafzölle einführen. Der Brexit sei eine gute Sache.

In den Wochen vor der Wahl erschienen in den USA zwei bemerkenswerte Bücher, die tiefe Einblicke in die Psyche Trumps ermöglichten und zeigten, wie dieser Mann tatsächlich tickt.

Die Autoren waren David Cay Johnston und Pulitzer-Preisträger Michael D'Antonio.[1]

Im Vorwahlkampf meinte Trump einmal: »Wenn jemand dich herausfordert, schlag zurück. Sei brutal, sei hart.« D'Antonio zeigt uns, wie diese Härte entstanden ist: Wir erleben Trump als Dreizehnjährigen in der New York Military Academy, wo er seinen Mitspielern in Baseball und Football sein Motto klarmachte, nämlich: »Wir sind nur zu einem Zweck hier: Um zu gewinnen.« Trump sagte später im Rückblick, er sei im Grunde der Gleiche geblieben: »Das Temperament hat sich nicht allzu sehr verändert.«

D'Antonio zeigt im Detail, wie sich Trump in Manhattans »Niederungen von Gier, Täuschung und Verwerflichkeit herumtrieb« und mit vielen – auch schmutzigen – Tricks und harter Arbeit zum Immobilienmogul wurde. Dabei waren Beziehungen sein Handwerkszeug, »und er wusste, wie man daraus Profit schlug«. Besonders lesenswert ist das Kapitel über die Geschichte des bekannten »Trump Towers« in New York, mit den Worten TRUMP TOWER in großen goldenen Buchstaben über dem Eingang: Wie er entstanden ist, an wen für wie viele Millionen Dollars die Wohnungen dort verkauft wurden und vor allem wie. Wir erfahren, dass 90 000 Tonnen Beton verbaut wurden, dass in Manhattan der Beton teurer als in jeder anderen Stadt des Landes war und die Lieferanten einem von einer kriminellen Bande dominierten Kartell angehörten, das die Preise manipulierte, indem es die Arbeit unter seinen Mitgliedern aufteilte. Beim Wohnungsverkauf ging es ähnlich zu. Trump streute z. B. das Gerücht, dass Prince Charles of Wales und seine Prinzessin Diana den Erwerb einer Wohnung im Trump Tower erwogen. Da der Buckingham Palast Gerüchte um das royale Paar grundsätzlich nicht kommentierte, konnte niemand diese Behauptung widerlegen. Der Tower sei für »die besten Menschen der Welt« erbaut worden, jede Wohnung sei

»ein Brillant am Sternenhimmel«. Laut Trump war das Gebäude 68 Stockwerke hoch; das *American Institute of Architects*, das den Turm für eines der zehn hässlichsten Gebäude in New York hielt, hatte dagegen nur 58 Stockwerke gezählt.

Im Kapitel »Donald im Land der Spieler« erfahren wir fast alles über die Geschichte seiner Casinos. Und natürlich dürfen seine Frauengeschichten (Trump: »Nun ja, ich habe die Frauen geliebt.«) – mit allem, was dazugehört, inkl. Eheverträge – und Fernsehshows nicht fehlen. Trump, Absolvent einer Militärschule, der penibel die Verzierungen seiner Uniform polierte, besaß einen hervorragenden Instinkt, wenn es um sein Image ging: Er war allgegenwärtig und immer gut für Schlagzeilen in allen möglichen Zeitschriften. Seine Geschichte ist eng verbunden mit der Geschichte der USA. Trump ist ein Produkt dieser Zeit. D'Antonios Urteil: »Trump ist ein Mann, der keine Ideale kennt und der sich außer seinem Machtwillen kaum etwas verpflichtet fühlt.«

David Johnston, Jahrgang 1948, hat sich seit 1988 mit Trump beschäftigt. Sein Fazit: »Ich kenne Trump.« Daher dieses Buch, mit dem sich seine Leser ein Bild von diesem Menschen machen können, »das sich nicht auf sein öffentliches Image beschränkt«. Johnston zeigt, was Trump mit viel Energie verhindern wolle, »dass nur wenige über seine lebenslangen Verbindungen mit einem bedeutenden Kokainhändler, mit Gangstern und Mafia-Vertrauten, mit Hochstaplern und Betrügern Bescheid wissen.« Wir erfahren noch mehr über Trump: Der habe seine Fähigkeit, behördliche Ermittlungen von sich abzulenken oder dafür zu sorgen, dass sie eingestellt würden, fast zur Perfektion entwickelt. Sein persönliches Motto bestehe darin, Vergeltung zu üben.

In »Gottes eigenem Land«, den USA, gehört bekanntlich die Bibel zur Persönlichkeit eines Menschen. Laut Trump liest niemand öfter als er in der Bibel, kann aber laut Johnson keine

Zeile aus der Bibel zitieren, alles, so Johnstons Verdikt, »Kennzeichen eines Betrügers«.

Liegt das möglicherweise in den Genen der Familie? Trumps Großvater Friedrich aus Kallstadt im heutigen Rheinland-Pfalz entzog sich 1885 als Sechzehnjähriger dem Militärdienst durch Flucht nach Amerika – wo er dann später ein Restaurant betrieb, das »höchstwahrscheinlich als Billigbordell« diente. Oder der Vater, der sich mit 21 Jahren an einer Prügelei zwischen rund 100 New Yorker Polizisten und 1000 Mitgliedern des rassistischen Ku-Klux-Klan beteiligte, eine Tatsache, die Trump noch 2015, fast neun Jahrzehnte später, schlicht leugnete: »Das Ganze ist nie passiert.«

Trump hat jahrelang keine Einkommensteuer bezahlt. Als ihn Hillary Clinton in der Fernsehdebatte am 26. September 2016 darauf ansprach, kam sein bezeichnender Zwischenruf: »*That makes me smart.*« Bei dem Thema war Trump offensichtlich wirklich »*smart*«, genauso wie bei der Erteilung der lukrativen Casino-Lizenz an ihn.

Johnston kennt Trump zwar seit 30 Jahren, gesteht aber ein, dessen wahren Charakter nicht wirklich erkennen zu können, »aber wir können ihn anhand seiner Handlungen beurteilen«. Neben den bereits erwähnten fügt Johnston andere hinzu: Trumps Geldbesessenheit: »Trump lebt fürs Geld.« Seine vielen Äußerungen über Frauen, die er nicht als gleichwertig, sondern als Objekt betrachtet und ihren Wert »in erster Linie an der Größe ihrer Brüste und der Länge ihrer Beine bemisst«. Trump versuche nicht zu verstehen, wie andere ihn wahrnehmen; stattdessen entwerte und diskreditiere er alle, die ihn nicht so wahrnehmen wie er sich selbst: »Das macht ihn zu einem Narzissten von Weltrang.«

Johnston sorgte sich um Amerika und warnte vor einem Präsidenten Trump, denn dessen Vision »ist die eines Diktators«. Am Ende verwies er auf die Gründerväter der USA; für die hätten Wissen und Vernunft zu den Grundpfeilern der Demokratie gehört; und er bat die Leser, sich eingehend zu informieren und dann das zu tun, »was Ihre Pflicht als Staatsbürger ist: Gehen Sie zur Wahl«. Und natürlich nicht Trump wählen.

2. Die neue Zeit des Trumpismus: *»America First!«*

Die Mehrheit der amerikanischen Wähler tat das zwar auch nicht, aber Trump konnte die Mehrheit der Wahlmänner auf sich vereinen und gewann somit die Wahl. Schon unmittelbar danach konnte man in den Glückwunschschreiben diverser europäischer Politiker an Trump die Angst vor einer neuen Epoche der Instabilität in den amerikanisch-europäischen Beziehungen herauslesen. Besonders in Europa fürchtete man um die Stabilität der transatlantischen Beziehungen, um das Fundament einer Partnerschaft, die die Welt seit dem Ende des Zweiten Weltkrieges geprägt hat. In Berlin hatte Außenminister Frank-Walter Steinmeier Trump zuvor noch einen »Hassprediger« genannt. Nun sah man die Eckpfeiler der deutschen Außenpolitik in Gefahr. Und Angela Merkel erinnerte Trump indirekt an die Einhaltung demokratischer Grundwerte.

EU-Kommission Chef Jean-Claude Juncker gab sich nach der Wahl optimistisch und meinte: »Wir bleiben Partner, weil die Welt den engen Schulterschluss zwischen den USA und Europa braucht. Es geht um gemeinsame Werte.«[2]

Er wie auch alle anderen wurden seit dem Amtsantritt von Trump eines Besseren belehrt. »America First!« lautete dessen Parole im Wahlkampf. Zweimal kam dies auch in seiner Inaugurationsrede am 20. Januar 2017 vor. An der hält Donald Trump seither unbeirrt fest. Er geht mit der Abrissbirne durch das Land und sorgt zu Hause und in der Welt für eine nicht enden wollende Serie an Irritationen und Empörungen. Da wäre: Der Ausstieg aus dem Pariser Klimaabkommen und dem Atom-Deal mit dem Iran, die Einführung – und weitere Drohungen – mit Strafzöllen, die Europäische Union als »Feind«; »Europa interessiert mich nicht«; ein Präsident, der Angela Merkel mit dem russischen Präsidenten Putin verglich und ihr bei ihrem Antrittsbesuch in Washington den üblichen Handschlag verweigerte: ein Affront der ganz besonderen Art. Mithilfe von Sanktionen wird Außenpolitik betrieben, was für die Betroffenen Wirtschaftsterrorismus gleichkommt. Mit Trump ist die Gefahr für die transatlantischen Beziehungen und Europas Sicherheit real geworden. Merkel formulierte ihre Antwort öffentlich im Mai 2017 (in einem Bierzelt): »Wir Europäer müssen unser Schicksal wirklich in unsere eigene Hand nehmen.«[3] Sie selbst wurde Anfang 2018 nur mit Mühe erneut zur Bundeskanzlerin gewählt.

Trump ist Trump: Unberechenbar, frei von Werten und moralischer Bürde. Kein Wunder, dass er die transatlantischen Bande nicht respektiert. Die stützen sich nämlich auf gemeinsame Werte und gemeinsame Verantwortung: wer keine hat, kann keine teilen. Dafür gibt es dann eine »Liebesbeziehung« mit dem nordkoreanischen Diktator Kim Jong-un.

Blickt man auf die vergangenen 70 Jahre deutsch-amerikanischer Beziehungen zurück, so kann man nur mit Entsetzen – und mit einer gewissen Trauer – registrieren, was in Washington mit einem Präsidenten Trump geschieht. Historische Rückblicke spielen keine Rolle mehr. Trump spaltet die Nation, die unter seinem Wahlkampf schon auseinanderzubrechen drohte. Journalisten, die seine Politik und seine Unwahrheiten hinterfragen, beschimpft er als Feinde des Volkes, *fake news* ist eine seiner Lieblingsvokabeln. Sein ganzes Streben wird darüber hinaus bestimmt von seiner Anti-Obama-Haltung: mit etwa 30 Executive Orders (präsidiale Dekrete) hat er inzwischen viele von dessen Anordnungen »rückgewickelt«. Das Weiße Haus

Ein Bild mit Symbolcharakter. Zwei, die sich nichts zu sagen haben.

befindet sich im dauerhaften Krisenmanagement. Über die chaotischen Entscheidungsabläufe dort kann man inzwischen viele erschreckende Details lesen.[4]

Die Welt hat sich durch Trump radikal verändert. Aber: die USA haben noch immer Gewicht, und Trump ist deren Präsident. Ein Weg der Europäer gegen die USA ist auch unter Trump kein guter Weg. Wir können nur hoffen, dass noch gilt, was Helmut Kohl am Schluss seiner Rede vor den 50 US-Gouverneuren am 31. Januar 1994 in Washington so formuliert hatte: »Europa braucht Amerika auch in Zukunft, und Amerika braucht Europa.«

XI. ANHANG

Anmerkungen

Regierungszeiten

Literatur/Fernsehen/Hörfunk

Personenregister

Bildnachweis

ANMERKUNGEN

Vorbemerkung

1 Ausführlicher dazu Rolf Steininger, Deutschland und die USA. Vom Zweiten Weltkrieg bis zur Gegenwart, Olzog Edition im Lau-Verlag, Reinbek/München 2014, 912 Seiten; mit 102 Farbbildern auf den Seiten 825–904; der Bildteil auch auf www.rolfsteininger.at; siehe auch Rolf Steininger, Von Kanzlern und Präsidenten. Deutsch-amerikanische Beziehungen nach dem Zweiten Weltkrieg, in: Volker Benkert (Hrsg.), Feinde, Freunde, Fremde? Deutsche Perspektiven auf die USA, Baden-Baden 2018, S. 39–64.

Einleitung

1 Zit. nach Rolf Steininger, Deutsche Geschichte in vier Bänden, Frankfurt/M. 1983/ 2002, Bd. 1, S. 47.

2 Zit. nach Stephen E. Ambrose, Eisenhower. Soldier, General of the Army, President Elect, 1890–1952, New York 1983, S. 400; siehe auch Steininger, Deutschland-USA, S. 826. Der Besuch Eisenhowers wurde von der amerikanischen Wochenschau *Universal* in Schwarz-Weiß in den USA verbreitet. Die US-Army hat damals auch in Farbe gedreht. Diese Filme haben Heribert Schwan und ich 1978 in den USA entdeckt (s. die Berichte im Spiegel, 4/79, und der *Hannoverschen Allgemeinen*, 12.12.1978, auf www.rolfsteininger.at) und eine 45 Minuten-Dokumentation produziert: *»Ihr habt es gewusst!« Die Konzentrationslager Buchenwald und Dachau nach der Befreiung.* Sie wurde in mehreren Ländern ausgestrahlt, zu-

letzt 1995 vom WDR-Fernsehen, und mehrfach international preisgekrönt. Eine Kopie befindet sich als Dauerleihgabe im Holocaust Museum Yad Vashem in Jerusalem. Zum Titel der Dokumentation: US-General George Patton befahl damals 2000 Bürgern von Weimar, sich das Elend von Buchenwald anzusehen. Beim Rundgang riefen einige: »Das haben wir nicht gewusst.« Die befreiten Häftlinge schrien zurück: »Ihr habt es gewusst!«

3 Zit. nach Klaus-Dietmar Henke, Die amerikanische Besetzung Deutschlands, München 1974, S. 174.

4 Siehe den YouTube-Channel der National Archives auf www.youtube.com

5 Jean E. Smith (ed.), The Papers of General Lucius D. Clay, Bloomington 1974, S. 24.

6 Helmut Schmidt, Menschen und Mächte, Berlin 1987, S. 339.

7 Verhandlungen des Deutschen Bundestages, Stenographische Berichte, Bd. 1, 1949: S. 22–30.

8 Harry S. Truman, Memoiren, Bd. 1, Stuttgart 1955, S. 299 ff. Zu den Anfängen des Kalten Krieges siehe auch Rolf Steininger, Der Kalte Krieg. Die neue Geschichte, Erfurt 2016, S. 7–55.

9 Top Secret. C.M. (46) 43rd Conclusions, 7.5.1946, Minute 1, Confidential Annex. Das entsprechende Dokument in: Rolf Steininger (Hrsg.), Die Ruhrfrage 1945/46 und die Entstehung des Landes Nordrhein-Westfalen. Britische, französische und amerikanische Akten (Quellen zur Geschichte des Parlamentarismus und der politischen Parteien), Düsseldorf 1988, Dok. 148a, S. 747–750. Dazu auch Rolf Steininger, Ein neues Land an Rhein und Ruhr. Die Entstehungsgeschichte Nordrhein-Westfalens 1945/46, Stuttgart 2016 (unveränderter Nachdruck der 1. Aufl. 1988), S. 193.

10 Foreign Relations of the United States [FRUS] 1949, III, S. 490. Zur Entwicklung 1944–1949 siehe auch die zweiteilige

Fernsehdokumentation *Besiegt-Besetzt-Geteilt. Deutschland 1944–1949* von Heribert Schwan und Rolf Steininger, 60 und 45 Min., Farbe, ARD 1979 und 1989.

11 So William Mallet, Leiter der Deutschlandabteilung im Foreign Office, in einem Memorandum v. 16. November 1950. Documents on British Foreign Policy Overseas, Series II / Bd. 3, Doc. 105, S. 266 ff.

I. 1953–1961: Konrad Adenauer und Dwight D. Eisenhower

1 Gespräch Adenauer–McCloy, 16.Dezember 1950, in: Akten zur Auswärtigen Politik der Bundesrepublik Deutschland [AAPD] 1949/50, Dok. 168.

2 Adenauer an Helene Wessel, 27.8.1949, in: Hans Peter Mensing (Bearb.), Adenauer. Briefe 1949–1951, Berlin 1985, S. 97.

3 Konrad Adenauer, Erinnerungen 1945–1953, Stuttgart 1967, S. 235.

4 Zit. nach Robert L. Beisner, Dean Acheson. A Life in the Cold War, Oxford 2006, S. 135.

5 Gespräch Bruce–von Marchthaler, 27. Februar 1951. AAPD 1951, Dok. 37, Anm. 2.

6 Gespräch Adenauer–McCloy, 5. Juli 1951. AAPD 1951, Dok. 119.

7 Siehe hierzu Heribert Schwan/Rolf Steininger: *Drei Jahre, die die Welt bewegten. Koreakrieg und deutsche Wiederbewaffnung*, Farbe, 60 Min., ARD 1983 und 2003, abrufbar auf www.rolfsteininger.at; siehe auch Rolf Steininger, Der vergessene Krieg. Korea 1950–1953, München 2006/2007 sowie Rolf Steininger, Der Koreakrieg. 25. Juni 1950–27. Juli 1953 (hrsg. von der Landeszentrale für politische Bildung Thüringen), Erfurt 2018.

8 The National Archives, London [TNA], FO 371/85032/C 7372.

9 Zur Stalin-Note vgl. Rolf Steininger, Eine Chance zur Wiedervereinigung? Die Stalin-Note vom 10. März 1952. Darstellung und Dokumentation, Bonn 1986; Einleitung separat erschienen unter dem Titel: Eine vertane Chance, Bonn 1986, 2. Aufl. 1987; Steininger, Deutsche Geschichte, Bd. 2, S. 175–215; Rolf Steininger, Freie, gesamtdeutsche Wahlen am 16. November 1952? Noch einmal: Die Stalin-Note – Reaktionen auf ein Buch und ein neues amerikanisches Dokument, in: Jürgen Weber (Hrsg.), Die Republik der fünfziger Jahre, München 1989, S. 88 bis 111.
10 Albrecht von Kessel (Washington), 5.7.1953 Auswärtiges Amt [AA]. AAPD 1953, Dok. 228, Anm. 10.
11 Zit. bei Ambrose, Eisenhower, S. 116.
12 John S. D. Eisenhower (ed.), Letters to Mamie, Garden City, New York 1978, S. 204 u. S. 210.
13 Ebd., S. 248.
14 Zit. bei Günter Bischof/Stephen E. Ambrose (eds.), Eisenhower and the German POWs, Baton Rouge/London 1992, S. 33.
15 Ebd., S. 35.
16 FRUS 1950, III, S. 604 f.
17 Vgl. u. a. AAPD 1951, Dok. 30, Anm. 12.
18 Vgl. Thomas Schwartz, America's Germany, Cambridge/Mass. 1991, S. 220; auch AAPD 1951, Dok. 3, Anm. 11.
19 Beisner, Acheson, S. 161.
20 AAPD 1951, Dok. 26, Anm. 3.
21 Ebd., Dok. 26.
22 Aufzeichnung v. 21.2.1951. Ebd., Dok. 30, Anm. 11.
23 Aufzeichnung Böker, 17.2.1951. Ebd., Dok. 30.
24 Vgl. ebd., Dok. 72.
25 FRUS 1951, III/1, S. 838.
26 Brentano an AA, 30.11.1951. AAPD 1951, Dok. 195.
27 Zit. bei Ambrose, Eisenhower, S. 526.

28 Gespräch Adenauer–Eisenhower, 2.5.1952. AAPD 1952, Dok. 123.

29 Zur Stalin-Note s. Anm. 9.

30 John Colville, The Fringes of Power. Downing Street Diaries 1939–1955, New York/ London 1985, S. 683.

31 Gespräch Adenauer–McCloy, 17.6.1952. AAPD 1952, Dok. 159.

32 Zum Luxemburg-Abkommen s. Rolf Steininger, Deutschland und der Nahe Osten, Reinbek 2015, S. 81–104.

33 Gespräch Eisenhower Adenauer, 7.4.1953. AAPD 1953, Dok. 113, 114, 115.

34 Herbert Blankenhorn, Verständnis und Verständigung, Berlin 1980, S. 147.

35 Vgl. hierzu Rolf Steininger, 17. Juni 1953, S. 238–262, in: Michael Gehler/Rolf Steininger, 17. Juni 1953, Reinbek 2018; auch Rolf Steininger Der 17. Juni (5x5 Min., ORF Ö1 2018, abrufbar auf www.rolfsteininger.at).

36 »Reiseeindrücke aus Amerika«. Aufzeichnung Kessel, 24.7.1953. AAPD 1953, Dok. 228.

37 Gespräch Adenauer–Dulles, 13.12.1953. AAPD 1953, Dok. 361; FRUS 1952–1954, V/1, S. 865–868. Das ausführliche Protokoll (neun Seiten) in: National Archives II, College Park, Maryland, RG 59, 662a00/12-1353.

38 Vgl. hierzu Rolf Steininger, Deutsche Frage und Berliner Konferenz 1954, in: Wolfgang Venohr (Hrsg.), Ein Deutschland wird es sein, Erlangen 1990, S. 37–90.

39 Vgl. hierzu Rolf Steininger, Das Scheitern der EVG und der Beitritt der Bundesrepublik zur NATO, in: *Aus Politik und Zeitgeschichte* 35 (17/1985), S. 3–18; Rolf Steininger, John Foster Dulles, the European Defense Community and the German Question, in: Richard H. Immerman (ed.), John Foster Dulles and the Diplomacy of the Cold War, Princeton 1992, S. 79–108; Rolf Steininger, Zwischen Pariser Verträgen und Genfer Gipfelkonferenz: Großbritannien und die deutsche

Frage 1955, in: Rolf Steininger et al. (Hg.), Die doppelte Eindämmung. Europäische Sicherheit und deutsche Frage in den Fünfzigern, München 1993, S. 177–212.

40 Vgl. zur Berlinkrise insgesamt Rolf Steininger, Berlinkrise und Mauerbau 1958 bis 1963, 4. überarbeitete und erweiterte Auflage – mit 67 s/w-Bildern auf Tafel, München 2009 (1.–3. Auflage erschienen unter d. Titel: Der Mauerbau. Die Westmächte und Adenauer in der Berlinkrise 1958–1963, München 2001). Zum Thema insgesamt siehe den Themenschwerpunkt »Der Mauerbau« unter www.rolfsteininger.at/schwerpunkt-mauerbau.html

41 Berlinkrise, S. 43–88.

42 Tagebucheintrag Bruce, 30.9.1959. FRUS 1958–1960, IX, Dok. 20.

43 Memorandum Kohler, 21.8.1958. Ebd., Dok. 3.

44 Vgl. hierzu Steininger, Berlinkrise, S. 128–134.

45 Schreiben v. 28.9.1959. FRUS 1958–1960, IX, Dok. 18.

46 Felix von Eckardt, Ein unordentliches Leben, Lebenserinnerungen, Düsseldorf/Wien 1969, S. 614.

II. 1961–1963: Konrad Adenauer und John F. Kennedy

1 Robert Dallek, An Unfinished Life. John F. Kennedy 1917–1963, Boston/New York/London 2003, S. 58.

2 Deirdre Henderson (ed.),Prelude to Leadership. The European Diary of John F. Kennedy. Summer 1945, Washington, D.C., 1995.

3 Ebd., S. XLI; s. auch Einleitung, Anm. 2.

4 Frank Cash, State Department. Zit. in: Honoré M. Catudal, Kennedy and the Berlin Wall Crisis, Berlin 1980, S. 61.

5 Secret. Memorandum of Conversation, 13.4.1961. FRUS 1961–1963, XIV, S. 45–51.

6 Gerhard Wettig (Hrsg.), Chruschtschows Westpolitik 1955 bis 1964. Gespräche, Aufzeichnungen und Stellungnahmen, München 2011, Dok. 4.
7 Ebd., Dok. 7.
8 Ebd., Dok. 27.
9 Mauerbau, S. 364.
10 FRUS 1961–1963, XIII, XIV, XV, Microfiche Supplement, Dok. 114; Steininger, Berlinkrise, S. 254.
11 Rudolf Morsey/Konrad Repgen, Adenauer-Studien III, Mainz 1974, S. 162.
12 Steininger, Berlinkrise, S. 261.
13 Ebd., S. 288. Siehe auch meine Besprechung »*Kennedy and the Berlin Wall*«, in: *Cold War History*, 2005, S. 379–362 auch abrufbar bei www.rolfsteininger.at; s. auch Rolf Steininger »Ich bin ein Berliner!« John F. Kennedy am 26. Juni in West-Berlin (hrsg. von der Landeszentrale für politische Bildung Thüringen), Erfurt 2019.
14 Morsey/Repgen, Adenauer-Studien III, S. 165.
15 Steininger, Mauerbau, S. 23.
16 Gespräch Adenauer–Smirnow, 6.6.1962. AAPD 1962, Dok. 232.
17 Ebd., Dok. 409, mit Anm. 9. Zur Kubakrise vgl. Rolf Steininger, Die Kubakrise 1962. Dreizehn Tage am atomaren Abgrund, München 2006, sowie Rolf Steininger, »Dem Abgrund entgegen«, in: *DIE ZEIT*, 4.10.2012, Nr. 41, S. 24; Rolf Steininger, Die Kubakrise. 16.–28. Oktober 1962 (hrsg. von der Landeszentrale für politische Bildung Thüringen), Erfurt 2019; sowie 5 × 5 Min. ORF Ö1 auf www.rolfsteininger.at
18 AAPD 1962, Dok. 445, 446, 447.
19 Zit. nach Morsey/Repgen, Adenauer III, S. 165.
20 Karl Heinrich Knappstein (Washington) an Gerhard Schröder (AA), 30.1.1963. AAPD 1963, Dok. 65.
21 Zum dt.-frz. Vertrag s. Rolf Steininger, Großbritannien und de Gaulle. Das Scheitern des britischen EWG-Beitritts 1963,

in: *Vierteljahrshefte für Zeitgeschichte* 44 (1996), S. 87–118 (abrufbar unter www.ifz-muenchen.de); Rolf Steininger, Great Britain's First EEC Failure in January 1963 in: *Diplomacy and Statecraft* 7 (1996), S. 404–435; Rolf Steininger, 1961: Europe »at Sixes and Sevens«. Die EFTA und Großbritanniens Entscheidung für die EWG, in: *Vierteljahresschrift für Sozial- und Wirtschaftsgeschichte* 80 (1993), S. 1–26; engl. Fassung in: *The Journal of European Economic History* 1997, H.3, S. 535–568; Steininger, Deutsche Geschichte, Bd. 3, S. 167–187; Steininger, Deutschland-USA, S. 264–274; Rolf Steininger, »Sind Sie bereit, auch zu zweit zusammenzuarbeiten?« Adenauer und de Gaulle unterzeichnen den deutsch-französischen Vertrag, in: *Das Parlament*, 20.1.2013; wieder abgedruckt bei Rolf Steininger, Faszinierende Lektüre III, Innsbruck 2017, S. 122–126; s. auch Artikel in *Dolomiten*, 22.1.2019.

22 Zu den Gesprächen Adenauer–Kennedy am 24.6.1963 siehe AAPD 1963, Dok. 206, 207, 208, 212.

23 Richard Reeves, President Kennedy. Profile of Power, New York 1993, S. 533–537; Dallek, Unfinished Life, S. 624 f.; Andreas W. Daum, Kennedy in Berlin, Paderborn 2003.

24 Gespräch Adenauer–de Gaulle, 4.7.1963. AAPD 1963, Dok. 216.

25 22. November 1963: Die Ermordung von John F. Kennedy, in: Rolf Steininger, Novembertage. Entscheidungen und Ereignisse im 20. Jahrhundert, Innsbruck 2018, S. 127–134. Siehe auch Rolf Steininger, *Dallas im November: Die Ermordung von John F. Kennedy*; 5x5 Min., ORF Ö1 2018, abrufbar auf www.rolfsteininger.at; dort auch abrufbar, Rolf Steininger, Sorgsam gepflegter Mythos, in: *Wiener Zeitung* extra, 17./18.11.2018, S. 33 f.

III. 1963–1966: Ludwig Erhard und Lyndon B. Johnson

1 Siehe Robert H. Lochner, Ein Berliner unter dem Sternenbanner, Berlin 2002, S. 129.
2 Vgl. hierzu Thomas Schwartz, Lyndon Johnson and Europe. In the Shadow of Vietnam, Cambridge, Mass./London 2003, S. 4.
3 George McGhee, Botschafter in Deutschland 1963–1968, Esslingen 1989, S. 332; Martin Hillenbrand, Fragments of the Time: Memoirs of a Diplomat, Athens 1998, S. 241 f.
4 Schwartz, Johnson, S. 4.
5 Cormac O'Brien, Secret Lives of the U.S. Presidents, Philadelphia 2004, S. 219.
6 Vgl. Steininger, Vietnamkrieg (s. Anm. 22), S. 56
7 »Navy Surplus Property in the Mediterranean Area and the British Isles«, 12.6.1945. 38-Seiten-Bericht. Lyndon B. Johnson Library, Austin, Texas. Bestand: International, Europe.
8 Zit. bei Frank Costigliola, Lyndon B. Johnson, Germany and the »End of the Cold War«, in: Gustav Schmidt (Hrsg.), Ost-West-Beziehungen: Konfrontation und Detente 1945–1989, Bochum 1993, S. 201–234, hier S. 201 f.
9 FRUS 1964–1968, XIII, Dok. 226.
10 Wie Anm. 8.
11 So Johnson zu seinem Redenschreiber Richard Goodwin, zit. bei Schwartz, Johnson, S. 89.
12 Gespräch Erhard–Johnson, 29.12.1963. AAPD 1963, Dok. 490.
13 Zit. bei Steininger, Deutsche Geschichte, Bd. 3, S. 104.
14 Eintrag v. 12.3.1965. Heinrich Krone, Tagebücher, 2. Bd.: 1961–1966, Düsseldorf 2003, S. 399.
15 Eintrag v. 8.3.1965. Ebd., S. 353.
16 Gespräch Erhard – de Gaulle, 21.11.1963. AAPD 1963, Dok. 423.

17 Schröder an AA, 26.11.1963. Ebd., Dok. 429.

18 Gespräche Erhard–Johnson, 28. u. 29.12.1963. Ebd., Dok. 486, 490. Die amerikanischen Protokolle in: FRUS 1961–1963, XV, Dok. 248–256.

19 Michael Beschloss, Reaching for Glory. Lyndon Johnson's Secret White House Tapes, 1964–1965, New York 2001, S. 20.

20 Runderlass Carstens, 30.12.1963. AAPD 1963, Dok. 492.

21 Heinrich Krone, Tagebücher, 2. Bd., 1961–1966, Düsseldorf 2002, S. 259.

22 Gespräch Erhard–McNamara, 4.6.1965. AAPD 1965, Dok. 232. Zum Vietnamkrieg vgl. Rolf Steininger, Der Vietnamkrieg. Ein furchtbarer Irrtum, Frankfurt 2004, 4. Aufl. 2011/erweiterte Aufl. Innsbruck 2018; Rolf Steininger, Der Vietnamkrieg. 1950–1975 (hrsg. von der Landeszentrale für politische Bildung Thüringen), Erfurt 2018; Rolf Steininger, Großbritannien und der Vietnamkrieg 1964/65, in: *Vierteljahrshefte für Zeitgeschichte* 45 (1998), S. 589–628; Rolf Steininger, »The Americans are in a Hopeless Position.« Great Britain and the War in Vietnam 1964-65, in: *Diplomacy and Statecraft* 8 (1997), S 237–285. S. auch Rolf Steininger, Der Vietnamkrieg. Dossier USA, Bundeszentrale für politische Bildung, Bonn November 2008 (auch abrufbar unter www.rolfsteininger.at).

23 Gespräch Erhard–Rusk, 4.6.1965. AAPD 1965, Dok. 233.

24 Gespräch Erhard–Harriman, 24.7.1965. Ebd., Dok. 300.

25 Horst Osterheld, Außenpolitik unter Ludwig Erhard 1963–1966, Düsseldorf 1992, S. 268.

26 AAPD 1965, Dok. 469, Anm. 11.

27 Lady Bird Johnson, A White House Diary, New York 1970, S. 342.

28 Volker Hentschel, Ludwig Erhard. Ein Politikerleben, München 1996, S. 591 f.

29 Osterheld, Außenpolitik, S. 270.

30 McGhee, Botschafter, S. 283. Vgl. auch Gespräch Erhard–Johnson, 20.12.1965. AAPD 1965, Dok. 469.
31 US-Botschaft Bonn an State Department, 17.8.1966. FRUS 1964–1968, XV, Dok. 161.
32 Johnson an Erhard, 25.8.1966. Ebd., Dok. 162.
33 Ebd., Dok. 165.
34 Gespräch Erhard–Johnson, 26.9.1966. Ebd., Dok. 298. Die amerikanischen Protokolle in: FRUS 1964–1968, XV, Dok. 173–181.
35 McGhee, Botschafter, S. 296.
36 Osterheld, Außenpolitik, S. 357. Dort auch weitere Einzelheiten zum USA-Besuch und zur kompromisslosen Haltung McNamaras, »wie Shylock auf seinem Schein bestehend«.
37 McGhee an State Department, 2.11.1966. FRUS 1964–1968, XV, Dok. 184.

IV. 1966–1969: Kurt Georg Kiesinger und Lyndon B. Johnson

1 Günter Buchstab (Bearb.), Kiesinger: »Wir leben in einer veränderten Welt«. Die Protokolle des CDU-Bundesvorstands 1965–1969, Düsseldorf 2005, S. XX.
2 Kiesinger zitierte diese Passage dann in seinem Schreiben an Johnson v. 4.4.1967. AAPD 1967, Dok. 117.
3 McGhee an State Department, 31.1.1967. FRUS 1964–1968, XV, Dok. 198.
4 Memorandum Francis M. Bator, 21.4.1967. Ebd., Dok. 211.
5 Gespräch Kiesinger–Johnson, 15.8.1967. Ebd., Dok. 301. Memorandum of Conversation, 15.8.1967. FRUS 1964–1968, XV, Dok. 226 u. Dok. 227.
6 Ebd., Dok. 228; Gespräch Kiesinger–Johnson, 16.8.1967, AAPD 1967, Dok. 303. Zum Sechstagekrieg Rolf Steininger, Der Sechstagekrieg. 5.–10. Juni 1967 (hrsg. von der Landes-

zentrale für politische Bildung Thüringen), Erfurt 2018; Rolf Steininger, Der Sechstagekrieg, *Aus Politik und Zeitgeschichte*, B19/2007. Zur Nahostkrise insgesamt Rolf Steininger, Der Nahostkonflikt, Frankfurt am Main 2012/2018, S. 89–98.

7 AAPD 1967, Dok. 303, Anm. 8.

V. 1969–1974: Willy Brandt und Richard M. Nixon

1 Siehe Peter Merseburger, Willy Brandt 1913–1992. Visionär und Realist, Stuttgart 2002/2013.

2 Siehe hierzu Steininger, Vietnamkrieg 2018 (wie Anm. III, 22), S. 33–45.

3 AAPD 1982, Dok. 15, Dok. 54, Dok. 104.

4 Vgl. hierzu in erster Linie David Greenberg, Nixon's Shadow. The History of an Image, New York/London 2003.

5 Paul Frank, Entschlüsselte Botschaft. Ein Diplomat macht Inventur, Stuttgart 1981, S. 287.

6 Willy Brandt, Begegnungen und Einsichten. Die Jahre 1960–1975, Hamburg 1976, S. 375 f.

7 Henry Kissinger, Memoiren 1973–1974, München 1982, S. 1069.

8 Aufzeichnung der Gespräche in: AAPD 1970, Dok. 151, 153. Die amerikanischen Protokolle in: FRUS 1969–1976, XL, Dok. 79, 80, 81; Aufzeichnung Brandt in: Willy Brandt, Berliner Ausgabe, Bd. 6, Bonn 2005, Dok. 36.

9 Brandt, Begegnungen, S. 383.

10 Gespräch Nixon–Kissinger, 29.5.1971. FRUS 1969–1976, XL, Dok. 245.

11 Ebd., Dok. 254, Anm. 2.

12 Aufzeichnung Brandt, 15./16.6.1971. AAPD 1971, Dok. 208.

13 FRUS 1969–1976, XL, Dok. 254 und Dok. 255.

14 Kissinger an Nixon, 16.7.1970. Ebd., Dok. 99, mit Notiz Nixon.

15 Kissinger an Nixon, 20.12.1972. FRUS 1969–1976, XL, Dok. 388, Anm. 4. Hervorhebung i. O.
16 Egon Bahr, In meiner Zeit, München 1996, S. 427.
17 Willy Brandt, Berliner Ausgabe Bonn 2005, Bd. 6, Dok. 93.

VI. 1974–1982: Helmut Schmidt, Gerald R. Ford, Jimmy Carter und Ronald Reagan

1 »Brandt May Have Throat Cancer«. Kissinger an Nixon, 16.12.1972. FRUS 1969–1976, XL, Dok. 387.
2 Hartmut Soell, Helmut Schmidt, 2 Bd., München 2003 u. 2008.
3 Henry Kissinger, Jahre der Erneuerung, München 1999, S. 488.
4 Interview mit Björn Engholm, 10.7.2007.
5 Interview mit George Shultz, 20.3.2007.
6 Interview mit Lawrence Eagleburger, 20.9.2007.
7 Interview mit Henry Kissinger, 4.2.2007.
8 Gerald R. Ford, A Time to Heal. The Autobiography of Gerald R. Ford, New York 1979.
9 Siehe hierzu Rolf Steininger, Deutschland und der Nahe Osten, Reinbek 2015, S. 173–191; Rolf Steininger, Bittere Lektion. Der Jom Kippur-Krieg im Herbst 1973 brachte Israel für einen Moment an den Rand des Untergangs, in: *DIE ZEIT*, Nr. 37, 5.9.2013, S. 19; abrufbar unter www.rolfsteininger.at/
10 Kissinger, Erneuerung, S. 20.
11 Ebd., S. 22.
12 Ebd., S. 7.
13 Schmidt, Menschen, S. 204 u. 214.
14 Ford, Time, S. 221.
15 Schmidt, Menschen, S. 213.
16 Deutsch-amerikanisches Regierungsgespräch, 5.12.1974. AAPD 1974, Dok. 355; Aufzeichnung van Well, 9.12.1974. Ebd., Dok. 358.

17 Staden an AA, 16.4.1975. AAPD 1975, Dok. 85.
18 Deutsch-amerikanisches Regierungsgespräch, 27.7.1975. Ebd., Dok. 222.
19 Staden an Schmidt, 12.10.1976. AAPD 1976, Dok. 306.
20 Staden an AA, 1.10.1976. Ebd., Dok. 296.
21 Wie Anm. 19.
22 Vgl. ebd.
23 Ernest A. Menze, Carter und der amerikanische Kongreß. Die ersten sechs Monate, in: *Aus Politik und Zeitgeschichte* 33/34, 20.8.1977, S. 3. Siehe auch Peter Schäfer, Die Präsidenten der USA im 20. Jahrhundert, Berlin 1990, S. 321; Gerhard Schweigler, Jimmy Carter 1977–1981, in: Jürgen Heideking (Hrsg.), Die amerikanischen Präsidenten, München 1995, S. 387.
24 Aufzeichnung Ruhfus, 3.6.1977. AAPD 1977, Dok. 145.
25 Staden an Schmidt, 16.12.1976. AAPD 1976, Dok. 363.
26 Berndt von Staden, Zwischen Eiszeit und Tauwetter. Diplomatie in einer Epoche des Umbruchs. Erinnerungen, Berlin 2005, S. 144.
27 Wie Anm. 25.
28 Aufzeichnung Blech, 1.3.1977. Ebd., Dok. 49.
29 Schmidt, Menschen, S. 222 u. S. 229.
30 Hans Apel, Der Abstieg. Politisches Tagebuch eines Jahrzehnts, Stuttgart 1990, S. 143.
31 Gespräch Schmidt–Stoessel, 4.4.1978. AAPD 1978, Dok. 94.
32 Vgl. Steininger, Deutschland-USA, S. 563–578.
33 Ebd., S. 578–606.
34 Wie Anm. 31.
35 Gespräch Schmidt–Callaghan, 24.4.1978. AAPD 1978, Dok. 121.
36 Vgl. hierzu Steininger, Deutschland-USA, S. 610–623.
37 Aufzeichnung Berndt von Staden, Auswärtiges Amt, 11.1.1980. AAPD 1980, Dok. 10.

38 Schmidt, Menschen, S. 222.
39 Weltwirtschaftsspiegel, 7.7.1977. AAPD 1977, Dok. 112.
40 Gespräch Schmidt–Blumenthal, 13.2.1978. AAPD 1978, Dok. 46.
41 Staden an Genscher, 5.9.1978. Ebd., Dok. 254, mit Anm. 3.
42 Staden an Schmidt, 18.12.1978. Ebd., Dok. 387.
43 Schmidt, Menschen, S. 228 f.
44 Pauls an AA, 8.1.1980. AAPD 1980, Dok. 6.
45 Aufzeichnung Staden, 5.3.1980. Ebd., Dok. 71.
46 Schmidt, Menschen, S. 250 f.
47 Schmidt an Carter, 29.3.1980. AAPD 1980, Dok. 95.
48 Gespräch Schmidt–Carter, 15.4.1980. Ebd., Dok. 110.
49 Radicke an AA, 7.5.1980. Ebd., Dok. 138 u. Anm. 3.
50 Aufzeichnung Staden, 9.5.1980. Ebd., Dok. 141.
51 Dazu äußerte er sich auch kritisch gegenüber Senator Joseph Biden. Ebd., Dok. 172, Anm. 17.
52 Gespräch Schmidt–Craxi, 16.5.1980. Ebd., Dok. 147, Anm. 5.
53 Apel an Schmidt, 14.5.1980. Ebd., Dok. 146 u. Anm. 9.
54 Aufzeichnung Citron, 13.6.1980. Ebd., Dok. 170 u. Anm. 4.
55 Schmidt, Menschen, S. 255.
56 Staden, Eiszeit, S. 179.
57 Ebd.
58 Aus v. Stadens unveröffentlichtem Manuskript: »Un Sommet au Venice«, S. 4; zit. bei Soell, Schmidt, 2008, S. 760.
59 Schmidt, Menschen, S. 264 u. S. 287.
60 Staden an Genscher, 5.9.1978, AAPD 1978, Dok. 254.
61 Apel an Schmidt, 14.5.1980. AAPD 1980, Dok. 146.
62 Ebd., Dok. 229, Anm. 6.
63 Steininger, Kalter Krieg, S. 47–51.
64 Für Henry Kissinger war *President-Elect* Reagan zu diesem Zeitpunkt noch ein »leeres Gefäß«. AAPD 1980, Dok. 143.
65 Hermes an AA, 21.11.1980. Ebd., Dok. 337.
66 Schmidt, Menschen, S. 289.

67 AAPD 1981, Dok. 12, Anm. 3.
68 Gespräch Schmidt–Stoessel, 22.1.1981. Ebd., Dok. 12.
69 Well an Genscher, 21.5.1981; Hermes an AA, 22.5.1981; Staden an Genscher, 22.5.1981. Ebd., Dok. 146, 148, 149, 150, 151, 152.
70 Schmidt, Menschen, S. 293. Reagan betrachtete das Treffen als »a show of friendship«, wie er seinem Tagebuch anvertraute. Vgl. Douglas Brinkley (ed.), The Reagan Diaries. Ronald Reagan, New York 2007, S. 20.
71 Schmidt, Menschen, S. 297.
72 Gespräch Schmidt–Reagan, 9.6.1982. AAPD 1982, Dok. 177.
73 Schmidt, Menschen, S. 338.
74 Deutscher Text in Auszügen in: Archiv der Gegenwart, Bd. 8, S. 7650 f. Redetext im englischen Original und Video unter http://millercenter.org/president/speeches/detail/5449.
75 Schmidt, Menschen, S. 338.
76 Hermes, Zeitgeschichte, S. 280.
77 Archiv der Gegenwart, Bd. 8, S. 7652.
78 Reagan, Diaries, S. 88. Nach dieser Rede sei das Bild des Präsidenten in der deutschen Öffentlichkeit »um zwölf Punkte gestiegen«, wie Helmut Kohl Reagan bei seinem Besuch in Washington am 15. November 1982 versicherte. Hermes an AA, 15.11.1982. AAPD 1982, Dok. 306.
79 Schmidt, Menschen, S. 293 f.
80 Vgl. Steininger, Deutschland-USA, S. 662–676.
81 Schmidt, 8.7.1982. AAPD 1982, Dok. 199.
82 Gespräch Schmidt–Burns, 13.7.1982. Ebd., Dok. 207.
83 Gespräch Schmidt–Taylor, 14.7.1982. Ebd., Dok. 211).
84 Hermes, Zeitgeschichte, S. 281.
85 Interview mit Henry Kissinger, 4.2.2009.

VII. 1982–1998: Helmut Kohl, Ronald Reagan, George H. W. Bush und Bill Clinton

1 Siehe Heribert Schwan/Rolf Steininger, Helmut Kohl. Virtuose der Macht, Mannheim 2010, S. 100.
2 Ebd., S. 101.
3 Hermes an AA, 15.11.1982. AAPD 1982, Dok. 306.
4 Pfeifer an Genscher, 16.11.1982. Ebd., Dok. 309.
5 Reagan, Diaries, S. 113.
6 Gespräch Kohl–Shultz, 7.12.1982. AAPD 1982, Dok. 334.
7 Heribert Schwan/Rolf Steininger, Die Bonner Republik 1949–1998, Berlin 2009, S. 303 u. S. 308.
8 Vgl. hierzu auch Schwan/Steininger, Kohl, S. 102.
9 Siehe auch AAPD 1985, Dok. 98 u. Dok. 123.
10 Botschafter Ruth (Washington) an AA, 29.9.1984. AAPD 1984, Dok. 259.
11 Interview mit George Shultz, 20.3.2007.
12 Text und Audioversion unter http://www.historyplace.com/speeches/reagan-tear-down.htm.
13 Schwan/Steininger, Bonner Republik, S. 378.
14 Reagan, Diaries, S. 506.
15 Delegationsgespräch Kohl–Bush, 17.5.1990. Dokumente zur Deutschlandpolitik. Deutsche Einheit. Sonderedition aus den Akten des Bundeskanzleramtes 1989/90, bearbeitet von Hanns Jürgen Küsters u. Daniel Hofmann, München 1998, Dok. 281.
16 Schwan/Steininger, Bonner Republik, S. 321.
17 Interview mit Lawrence Eagleburger, 20.9.2007.
18 Heribert Schwan/Rolf Steininger (Hrsg.), Mein 9. November 1989, Düsseldorf 2009, S. 23.
19 Interview mit James Baker, 20.9.2007.
20 Ebd.
21 Ebd.

22 Telefongespräch Kohl–Bush, 17.11.1989. Küsters/Hofmann, Deutsche Einheit, Dok. 93.
23 Steininger, Deutschland, S. 721–742.
24 »Telefongespräch des Herrn Bundeskanzlers mit Gouverneur Clinton am Montag, 9. November 1992.«
25 Kohl, Erinnerungen 1990–1994, S. 523 f.
26 »Telefongespräch des Herrn Bundeskanzlers mit dem Präsidenten der Vereinigten Staaten von Amerika, George Bush, am 18. Januar 1992.«
27 Kohl, Erinnerungen 1990–1994, S. 522.
28 Ebd., S. 557.
29 Bill Clinton, My Life, New York 2004, S. 527.
30 »Gespräch des Herrn Bundeskanzlers mit dem amerikanischen Präsidenten Clinton am Freitag, 26. März 1993, in Washington.«
31 Zit. in: *Die Welt*, 1.2.1994.
32 »Gespräch des Herrn Bundeskanzlers mit Präsident Clinton beim gemeinsamen Mittagessen am 31. Januar 1994 in Washington.«
33 Kohl, Erinnerungen 1990–1994, S. 654 f.

VIII. 1998–2005: Gerhard Schröder, Bill Clinton und George W. Bush

1 Madeleine Albright, Madam Secretary. A Memoir, New York 2003, S. 410.
2 Gerhard Schröder, Entscheidungen. Mein Leben in der Politik, Hamburg 2006, S. 200 f.
3 George W. Bush, Decision Points, New York 2010.
4 Ebd., S. 233 f.

IX. 2005–2016: Angela Merkel, George W. Bush und Barack Obama

1 Ebd., S. 412 f.
2 *FAZ*, 22.12.1999.
3 *bild.de* (7.6.2011); *focus.de* (13.12.2011; *Newsweek*).
4 *welt.de* (13.12.2011).

X. Seit 2016: Donald Trump und Angela Merkel

1 David Cay Johnston, Die Akte Trump, Wals 2016; Michael D'Antonio, Die Wahrheit über Donald Trump, Berlin 2016.
2 Jean-Claude Juncker, Die »Europa-Rede«, Berlin, 9. November 2016/ http://europa.eu/rapid/press-release/
3 Angela Merkel, Merkel-Ansprache Volksfest München-Trudering, 28.Mai 2017/www.youtube.com/
4 Siehe etwa Michael Wolff, Feuer und Zorn. Im Weißen Haus von Donald Trump, Reinbek 2017; Bob Woodward, Furcht. Donald Trump im Weißen Haus, Reinbek 2018.

REGIERUNGSZEITEN

US-Präsidenten

Harry S. Truman (1884–1972)
1945–1953

Dwight D. Eisenhower (1890–1969)
1953–1961

John F. Kennedy (1917–1963)
1961–1963

Lyndon B. Johnson (1908–1973)
1963–1969

Richard M. Nixon (1913–1994)
1969–1974

Gerald R. Ford (1913–2006)
1974–1977

Jimmy Carter (geb. 1924)
1977–1981

Ronald Reagan (1911–2004)
1981–1989

George H. W. Bush (1924–2018)
1989–1993

Bill Clinton (geb. 1946)
1993–2001

George W. Bush (geb. 1946)
2001–2009

Barack Obama (geb. 1961)
2009–2017

Donald Trump (geb. 1946)
seit 2017

Bundeskanzler/in

Konrad Adenauer (1876–1967)
1949–1963

Ludwig Erhard (1897–1977)
1963–1966

Kurt Georg Kiesinger (1904–1988)
1966–1969

Willy Brandt (1913–1992)
1969–1974

Helmut Schmidt (1918–2015)
1974–1982

Helmut Kohl (1930–2017)
1982–1998

Gerhard Schröder (geb. 1944)
1998–2005

Angela Merkel (geb. 1954)
seit 2005

LITERATUR/FERNSEHEN/HÖRFUNK

I. Literatur

(Allgemein)

Akten zur Auswärtigen Politik der Bundesrepublik Deutschland [AAPD] 1949/50–1988. Hrsg. im Auftrag des Auswärtigen Amts vom Institut für Zeitgeschichte, München 1992–2019.

Ambrose, Stephen E., Eisenhower. Soldier, General of the Army, President Elect, 1890–1952, New York 1983.

Apel, Hans, Der Abstieg. Politisches Tagebuch eines Jahrzehnts, Stuttgart 1990.

Beisner, Robert L., Dean Acheson. A Life in the Cold War, Oxford 2006.

Benkert, Volker (Hrsg.), Feinde, Freunde, Fremde? Deutsche Perspektiven auf die USA, Baden-Baden 2018.

Brandt, Willy, Begegnungen und Einsichten. Die Jahre 1960–1975, Hamburg 1976.

Brinkley, Douglas (ed.), The Reagan Diaries. Ronald Reagan, New York 2007.

Bush, George W., Decision Points, New York 2010.

Clinton, Bill, Mein Leben, Berlin 2004.

Dallek, Robert, Ein unvollendetes Leben, München 2003.

Documents on British Policy Overseas [DBPO], Serie II (1950–1955), Bd. 3: German Rearmament, September–December 1950, London 1989.

Foreign Relations of the United States [FRUS] 1949–1972, Washington, D. C., 1974–2008.

Ford, Gerald, A Time to Heal, New York 1979.

Frank, Paul, Entschlüsselte Botschaft. Ein Diplomat macht Inventur, Stuttgart 1981.

Henke, Klaus-Dietmar, Die amerikanische Besetzung Deutschlands, München 1974.
Hillenbrand, Martin, Fragments of the Time: Memoirs of a Diplomat, Athens 1989.
Kissinger, Henry, Memoiren 1973–1974, München 1982.
Kohl, Helmut, Erinnerungen. Bd. 1–3, München 2004–2007.
McGhee, George, Botschafter in Deutschland 1963–1968, Esslingen 1989.
Morsey, Rudolf / Repgen, Konrad (Hg), Adenauer-Studien, Bd. 3: Untersuchungen und Dokumente zur Ostpolitik und Biographie, Mainz 1974.
Schmidt, Helmut, Menschen und Mächte, Berlin 1987.
Schwartz, Thomas, Lyndon Johnson and Europe. In the Shadow of Vietnam, Cambridge/London 2003.
Smith, Jean E. (ed.), The Papers of General Lucius D. Clay. Germany 1945–1949, Bd. 1, Bloomington/London 1974.
Wiegrefe, Klaus, Das Zerwürfnis. Helmut Schmidt, Jimmy Carter und die Krise der deutsch-amerikanischen Beziehungen, Berlin 2005.

II. Arbeiten des Autors

1. *Monografien*

1 Germany and the Middle East. From Kaiser Wilhelm to Angela Merkel, Berghahn Books, New York/Oxford 2019.
2 Der Vietnamkrieg. Ein furchtbarer Irrtum, Frankfurt 2004, 4. Aufl. 2011/erweiterte Aufl. Innsbruck 2018.
3 Die USA und Europa nach 1945 in 38 Kapiteln, Reinbek 2018.
4 Der Kalte Krieg. Die neue Geschichte (hrsg. von der Landeszentrale für politische Bildung Thüringen), Erfurt 2016.
5 Deutschland und der Nahe Osten. Von Kaiser Wilhelms

Orientreise 1898 bis zur Gegenwart, Reinbek 2015; arabische Ausgabe (ed.): The National Council for Culture, Arts and Letters, Kuwait 2018.

6 Deutschland und die USA. Vom Zweiten Weltkrieg bis zur Gegenwart, Reinbek/München 2014.

7 Die Kubakrise 1962. Dreizehn Tage am atomaren Abgrund, München 2011.

8 Helmut Kohl. Virtuose der Macht (mit Heribert Schwan), Mannheim 2010.

9 Besiegt–Besetzt–Geteilt: Erinnerungen an Deutschland 1945 bis 1949 (hrsg. mit Heribert Schwan), München 2010.

10 Die Bonner Republik 1949–1998 (mit Heribert Schwan), Berlin 2009.

11 Mein 9. November 1989 (hrsg. mit Heribert Schwan), Düsseldorf 2009.

12 Berlinkrise und Mauerbau 1958 bis 1963, 4. überarbeitete und erweiterte Auflage München 2009 (1.–3. Auflage erschienen unter d. Titel: Der Mauerbau. Die Westmächte und Adenauer in der Berlinkrise 1958–1963, München 2001).

13 17. Juni 1953. Der Anfang vom langen Ende der DDR, München 2003; jetzt erweitert und aktualisiert in: 17. Juni 1953. Der unterdrückte Volksaufstand (mit Michael Gehler), Reinbek 2018.

14 Der Nahostkonflikt, Frankfurt/M. 2003, 2018.

15 Der Kalte Krieg, Frankfurt/M. 2003, 6. Aufl. 2016.

16 Deutsche Geschichte seit 1945 in vier Bänden, Frankfurt/Main 1983/2002.

17 The German Question. The Stalin Note of 1952 and the Problem of Reunification, Columbia University Press, New York 1990.

18 Wiederbewaffnung. Die Entscheidung für einen westdeutschen Verteidigungsbeitrag: Adenauer und die Westmächte 1950, Erlangen 1989.

19 Eine Chance zur Wiedervereinigung? Die Stalin-Note vom 10. März 1952. Darstellung und Dokumentation, Bonn 1986; Einleitung separat erschienen unter dem Titel: Eine vertane Chance, Bonn 1986, 2. Aufl. 1987.

Ergänzend folgende Broschüren, jeweils 50 Seiten, hrsg. von der Landeszentrale für politische Bildung Thüringen (jeweils mit kurzem Videofilm unter www.ltz-thueringen.de und www.rolfsteininger.at)

1 »Ich bin ein Berliner!« John F. Kennedy am 26. Juni in West-Berlin, Erfurt 2019.
2 Die Kubakrise: 16.–28. Oktober 1962, Erfurt 2019.
3 Der Vietnamkrieg: 1950–1975, Erfurt 2018.
4 Der Sechstagekrieg: 5.–10. Juni 1967, Erfurt 2018.
5 Der Koreakrieg: 25. Juni 1950–27. Juli 1953, Erfurt 2018.
6 Hiroshima: 6. August 1945–8:15:17, Erfurt 2018.
7 *Terminal* – Die Konferenz von Potsdam: 17. Juli – 2. August 1945, Erfurt 2018.

2. *Fernsehen*

(abrufbar unter www.rolfsteininger.at)

»Ihr habt es gewusst!« Die Konzentrationslager Buchenwald und Dachau nach der Befreiung (mit Heribert Schwan), 45 Min., Farbe, WDR 1995.

Besiegt – Besetzt – Geteilt. Deutschland 1944–1949 (mit Heribert Schwan), 2 Teile, 60 und 45 Min., Farbe, ARD 1979 und 1989.

Drei Jahre, die die Welt bewegten. Koreakrieg und deutsche Wiederbewaffnung (mit Heribert Schwan), 60 Min., Farbe, ARD 1983 und 2003.

Die Bonner Republik I: 1949–1974 (mit Heribert Schwan), 45 Min., ARD und Phönix 2009

Die Bonner Republik II: 1974–1998 (mit Heribert Schwan), 45 Min., ARD und Phönix 2009.

Die Bonner Republik 1949–1998 (mit Dieter Weiss), 6 Teile, jeweils 45 Min., WDR und Phönix 2009.

I. 1949–1963: Die Ära Adenauer
II. 1963–1969:Von Erhard zur Großen Koalition
III. 1969–1974: Die sozial-liberale Koalition Brandt-Scheel
IV. 1974–1982: Die sozial-liberale Koalition Schmidt-Genscher
V. 1982–1990: Helmut Kohl: Von der Wende zur Wiedervereinigung
VI. 1990–1998: Helmut Kohl: Das vereinigte Deutschland

3. *Hörfunk*

1 *Die USA und Europa nach 1945*, 40 Folgen, jeweils 20 Min., Rai Südtirol 2017.

2/3/4 *Berlinkrise und Mauerbau.*
Der Vietnamkrieg.
Der Koreakrieg (jeweils 20 Min., ORF Ö1, Rai Südtirol; auf CD, Studienverlag, Innsbruck).

4/5/6 *Dallas im November: Die Ermordung von John F. Kennedy;*
Die Kubakrise;
Der 17. Juni (jeweils 5x5 Min., ORF Ö1 2018, abrufbar auf www.rolfsteininger.at)

7 *Probefall Korea?* Koreakrieg und deutsche Wiederbewaffnung, 45. Min., Deutschlandfunk, Bayerischer Rundfunk, 24.6.1980; Deutschlandradio, 2003 (siehe Der Koreakrieg unter www.rolfsteininger.at)

8 *Die Stalin-Note.* Feature, Deutschlandradio, 7.3.2002, 19.05–20.00 Uhr

PERSONENREGISTER

BILDNACHWEIS

National Archives II, College Park, Maryland: S. 15, 16, 165
Dwight D. Eisenhower Library, Abilene, Kansas: S. 28
John F. Kennedy Presidential Library, Boston, Massachusetts: S. 34, 47
Lyndon B. Johnson Presidential Library, Austin, Texas: S. 61, 72
Richard M. Nixon Presidential Library, Yorba Linda, California: S. 74, 79
Gerald R. Ford Presidential Library, Ann Arbor, Michigan: S. 91
Jimmy Carter Presidential Library, Atlanta, Georgia: S. 103
Ronald Reagan Presidential Library, Simi Valley, California: S. 123, 126, 130
George H. W. Bush Presidential Library, College Station, Texas: S. 143
William J. Clinton Presidential Library, Little Rock, Arkansas: S. 149, 152
George W. Bush Presidential Library, Dallas, Texas: S. 156, 158, 161
ullstein bild - Rex Features / Shutterstock: S. 173

Rolf Steininger

Deutschland und die USA

Vom Zweiten Weltkrieg bis zur Gegenwart

Gebunden mit Schutzumschlag. 912 Seiten, mit über 100 überwiegend farbigen Abbildungen.

Statt € 89,00 [D] **jetzt € 38,00 [D]**

ISBN 978-3-95768-002-0

»*... ein monumentales Werk.*«
Prof. W. Schlauch, Eastern Illinois University.

»*Beeindruckendes Buch, großes Werk.*«
Dr. Claus Kleber, ZDF.

Rolf Steininger

Der Große Krieg 1914–1918 in 92 Kapiteln

Paperback. 264 Seiten.

€ 12,95 [D]

ISBN 978-3-95768-177-5

»*... sorgfältig recherchiert und leserfreundlich; bietet für den historisch Interessierten, aber auch für Schülerinnen und Schüler und Studierende eine wertvolle Hilfe, wenn sie sich mit allen Facetten des Ersten Weltkrieges zuverlässig vertraut machen wollen.*«
Prof. Jürgen Wendt in Militärgeschichtliche Zeitschrift 76/2 (2017), S. 603 ff.

Aus dem Verlagsprogramm

Rolf Steininger

Berlinkrise und Mauerbau

1958 bis 1963

Mit einem Kapitel zum Mauerfall 1989.
Gebunden. 416 Seiten, mit 67 s/w Fotos
und 11 Faksimiles. ISBN 978-3-95768-064-8
€ 39,90 [D]

»*... ein ganz hervorragendes Buch.*«
Gerhard Wettig

R. St. »*is one of the leading authorities on Germany and the Cold War.*«
Prof. John Moses, University of Queensland, Australien.

Rolf Steininger

Der vergessene Krieg

Korea 1950–1953

Broschur. 247 Seiten, mit 93 Fotos,
6 Faksimiles und 4 Karten. ISBN 978-3-95768-070-9
€ 24,90 [D]

„*One can only express admiration.*"
Prof. B. Bonwetsch, Deutsches Historisches Institut Moskau.

„*Fesselnde Erzählung.*"
Prof. R. Blasius, FAZ.

Rolf Steininger

Die Kubakrise 1962

Dreizehn Tage am atomaren Abgrund

Broschur. 176 Seiten, mit zahlreichen
Abbildungen. ISBN 978-3-95768-058-7
€ 22,90 [D]

„*spannend und gut lesbar*".
Sachbuch-News.de

www.lau-verlag.de